管理哲学

——管理的基本法则

本书系吉林省社会科学基金项目《汉语成语中的管理智慧》研究结项成果

项目编号：2013B291

中华文化之瑰宝　管理智慧之锦囊

说成语　话管理

（壹）

管理哲学

张兆端　何长清　编著

群众出版社

·北京·

图书在版编目（CIP）数据

管理哲学／张兆端编著. —北京：群众出版社，2016.6
（说成语话管理）
ISBN 978 - 7 - 5014 - 5543 - 0

Ⅰ.①管… Ⅱ.①张… Ⅲ.①管理学—哲学—通俗读物 Ⅳ.①C93 - 02

中国版本图书馆 CIP 数据核字（2016）第 122399 号

说成语 话管理（壹）
管理哲学

张兆端 何长清 编著

出版发行：	群众出版社
地 址：	北京市西城区木樨地南里
邮政编码：	100038
经 销：	新华书店
印 刷：	北京通天印刷有限责任公司

版 次：	2016 年 6 月第 1 版
印 次：	2016 年 6 月第 1 次
印 张：	7
开 本：	787 毫米×1092 毫米 1/16
字 数：	102 千字

书 号：	ISBN 978 - 7 - 5014 - 5543 - 0
定 价：	38.00 元

网 址：	www.qzcbs.com
电子邮箱：	qzcbs@ sohu.com

营销中心电话：010 - 83903254
读者服务部电话（门市）：010 - 83903257
警官读者俱乐部电话（网购、邮购）：010 - 83903253
公安业务分社电话：010 - 83905672

编写说明

　　汉语是世界上最丰富的语言之一。成语作为中国历史的缩影、中华文明的积淀、汉语言文化的精华、祖先丰富智慧的结晶和前人生活经验的累积，在世界文化史中独树一帜，是中华民族传统文化的瑰宝，也是汉语言文化园地中的艺术奇葩。成语是汉民族在长期的语言实践中逐步提炼而成的、简洁精辟的固定短语。作为汉语言使用过程中自然形成的"集成电路"，成语浓缩了中华民族博大精深的文化智慧，积淀、负载、传承着中华民族悠久的历史和灿烂的文明，充满着旺盛的生命力。大多数成语的产生都有一个特定历史背景，蕴含许多精彩的历史瞬间、动人的传奇典故、深刻而丰富的哲理。

　　汉语成语历史悠久，源远流长。成语在其形成、演变、发展的过程中，从它的结构形式、表达方式到内容，都有其自身的发展规律，是语言词汇的序列性体现。汉语成语作为比"词"大而语法功能又相当于"词"的语言单位，凝练精警，结构严谨，音律和谐，言约旨远，意蕴深邃，充分表现了汉语的语言特色和魅力。成语，由文所出，经人所录，用于作文或口语；借其典故，以明其论点。久而久之，成为以固定字书，固定排序之辞也。书面用之，能收画龙点睛、意境深奥之效；口语用之，则收言简意赅、生动形象之效。

　　汉语成语的内涵非常丰富，内容涉及天文、地理、历史、文学、艺术、道德伦理、治国理政、社会管理、智谋韬略等各个领域，蕴含中华民族传统文化中各类思想和行为的趋向和准则，是中华民族文化心态、集体经验和智慧结晶的生动写照。中华民族五千年文明史的一个侧面就是五千年的管理史。在中华民族悠久灿烂的文化长河中，历代哲人、学者及各类管理实践者对于如何对人、社会以及人的实践活动进行有效的管理，都做出了各自的回答。其优秀成果所展现给我们的是一幅丰富多彩、深邃睿智的画卷，其中有不少优秀的管理思想、智慧及方法即被浓缩在成语之中。

本书从浩如烟海的汉语成语中精心梳理出近 500 个具有历史性、故事性、艺术性、哲理性、趣味性和时代性，包含中华传统管理思想、智慧及方法意蕴的成语，紧密结合现代管理科学和管理实践进行阐释。全书共分为十个分册，分别为管理哲学；人（民）本管理；战略管理；文化管理·管理精神；管理伦理；民主管理·创新管理；学习管理；基础管理·简单管理·精细化管理；权变管理·危机管理；谋略管理。其内容涉及治国理政、经济管理、组织及企业管理、个人人生管理等诸多方面。对每个成语均按照先"说成语"（包括释义、出处、故事），后"话管理"（包括管理要旨、管理案例）的体例，遵循"古为今用，洋为中用"的原则，从讲解成语文化入手，落脚于挖掘其管理价值及经验上，从而达到由成语学习管理智慧，借管理知识解读成语的双重目的。本册为第一分册，主要讲解成语中蕴含的管理哲学。

近年来，有关管理学理论的一般图书和各种各样的汉语成语词（辞）典多有出版，但尚未发现有探讨汉语成语中蕴含的管理智慧或从管理学角度解读汉语成语的知识读本。无疑编写出版这样一本《说成语　话管理》，既是一种研究汉语成语文化的新探索，也能够为广大读者学习管理知识提供一种新的趣味性载体。成语是一种精巧别致的文化快餐，古老而又崭新，随时翻阅就可以进入一片幽深而宽阔的精神世界，能使人们从轻松愉快的阅读中获得人文知识与管理智慧的陶冶。既然是一种新探索，书中定会有某些不当之处，敬请读者批评指正。同时，在编写过程中，作者查阅了大量汉语成语词典，借鉴了国内外管理学界的许多理论与案例资料，除在书末注明主要参考资料外，在此向有关著译者及编者一并表示衷心感谢！

　　书中插图除注明出处者外，其余均为商树春先生所绘，特此表示感谢！

编　者

2015 年 10 月

目 录
contents

说成语 话管理

天人合一
——管理的整体思维

【说成语】

天人合一

释义　中国古代哲学中关于天人关系的一种观点。与"天人之分"说相对立。认为"天"有意志，人事是天意的体现；天意能支配人事，人事能感动天意，由此两者合为一体。

出处　"天人合一"的思想概念最早源于《易经》，经由庄子阐述，后被汉代思想家、阴阳家董仲舒发展为"天人合一"的哲学思想体系。

庄周梦蝶

《庄子·齐物论》曰："昔者庄周梦为蝴蝶，栩栩然蝴蝶也，自喻适志与，不知周也。俄然觉，则蘧蘧然周也。不知周之梦为蝴蝶与，蝴蝶之梦为周与？周与蝴蝶，则必有分矣。此之谓物化。"说的是庄周梦见自己变

元·刘贯道/绘

成蝴蝶，很生动逼真的一只蝴蝶，感到多么愉快和惬意啊！不知道自己原本是庄周。突然间醒过来，惊惶不定之间方知原来是我庄周。不知是庄周梦中变成蝴蝶呢，还是蝴蝶梦中变成庄周呢？庄周与蝴蝶那必定是有区别的。这就可以叫作"物""我"的交合与变化。

这一寓言故事形象地诠释了庄子"天地与我并生，万物与我为一"的"天人合一"的精神境界。

【话管理】
管理要旨："天人合一"的思想探源

人与自然的关系，是中国传统文化的一个基本问题，"天人合一"是其核心思想。这一思想强调人与自然的统一，实现人与自然的和谐发展。这一思想对于反思现代工业文明和科技文明所产生的负面效应，重新构建人与自然之间的和谐关系，仍具有借鉴价值。

作为一种思想观念，"天人合一"远在先秦时期就已经产生。西周时期，天是有意志的人格"神"，是自然和社会的最高主宰，天人关系即是神人关系。《周易·文言》从人格的最高理想和最终境界论述了人与天地的合一："夫大人者与天地合其德，与日月合其明，与四时合其序，与鬼神合其吉凶，先天而天弗违，后天而奉天时。"所谓"先天"，即为天之先导，在自然变化发生之前加以引导；所谓"后天"即遵循自然的变化规律，从天而动；"与天地合其德"即人与自然界要互相适应，相互协调。这一思想用现代语言来表述就是，一方面要尊重客观规律，另一方面又要注意发挥人的主观能动性。《礼记·中庸》详尽地阐述并发挥了这一观点："惟天下至诚，为能尽其性。能尽其性，则能尽人之性；能尽人之性，则能尽物之性；能尽物之性，则可以赞天地之化育；可以赞天地之化育，则可以与天地参矣。"认为至诚之人不仅可以发挥自己的本性，而且可以充分发挥一切人的本性和万物的本性，从而帮助天地化育万物，与天地并列。这种认识无疑把个人的主观作用夸大到了极致。

孔子对于天人关系虽然语焉未详，但是明确主张"敬天法天"。战国时期孟子的天人观具有浓厚的主观伦理色彩，即"尽心、知性、知天"，认为人的心性是沟通天人关系的桥梁，要求人以道德规范约束自己，扩充善端，来实现知天达命、天性与人性、天心与人心的统一。荀子对于天作出了唯物主义的解释，提出"明于天人之分"的观点，认为自然规律不以人的意志为转移，也不会因为人的好恶而改变，"天行有常，不为尧存，不为桀亡"。人在自然界处于优先地位，可以驾驭自然，但他同样没有否定人与自然的和谐共存关系，故而提出"制天命而用之"的思想，主张尊重自然、顺应自然规律，天、人各司其职。

道家创始人老子主张"人法地，地法天，天法道，道法自然"，天、地、人三者"道"以贯之，人生追求的目的不是认识、征服自然，而是泛爱万物。庄子认为，人与天地都是由气构成，人是自然的一部分，天与人是统一的，因而反对人为，极力主张"无以人灭天"，通过"坐忘"、"心斋"的忘我体验来达到"天地与我并生，而万物与我为一"的"天人合一"的精神境界。

汉代的董仲舒是儒家第一个自觉探讨天人关系的思想家，他在《春秋繁露·深察名号》中明确提出"天人之际，合而为一"的观点，认为天与人具有相同的结构，人是天的派生，人事与自然规律相似，故而天人可以相互感应。这一认识是对于和谐统一的天人关系的浅层次感悟和朴素的直觉，既不同于原始神秘主义的神灵崇拜，也不同于自然天道，而是融自然规律、伦理原则和神秘权威于一体，成为理性与神秘主义的混合物。

宋明时期，"天人合一"思想发展成为占据主导地位的社会文化思潮，几乎为各派思想家所接受，虽然他们的学说有着一定的差异，但都认为"天人合一"是人的自觉。张载在中国文化史上首次明确提出"天人合一"的命题，并在名著《西铭》中提出"民，吾同胞；物，吾与也"的著名观点：天地犹如父母，人与万物都是天地所生，民众百姓是我的兄弟姐妹，万物是我的亲密朋友，人与万物、自然处于和谐、均衡与统一之中。而王阳明"仁者与天地万物一体"的泛爱万物的思想，既是人性的自然表露，也是人类最高的伦理情感，是人对天地万物的一种责任意识，达到了儒家"天人观"的最高成就。

管理案例：三才之道（《易传》）

"三才之道"出于《易·系辞下传》："《易》之为书也，广大悉备。有天道焉，有人道焉，有地道焉。兼三才而两之，故六。六者非它也，三才之道也。"

三才：指天、地、人。《易·说卦》："是以立天之道，曰阴曰阳；立地之道，曰柔曰刚；立人之道，曰仁曰义，兼三才而两之，故《易》六通而成卦"。大意是构成天、地、人的都是两种相互对立的因素，而卦，是《周易》中象征自然现象和人事变化的一系列符号，以阳爻、阴爻相配合而成，三个爻组成一个卦。"兼三才而两之"成卦，即这个意思。

《周易》最早最明确最系统最深刻地提出了"天、地、人三才之道"的伟大学说。这个学说早就深入中华民族之心，贯穿于中华民族的人伦日用之中，牢固地培育了中华民族乐于与天地合一、与自然和谐的精神，对天地与自然持有极其虔诚的敬爱之心。中华民族与天地和谐相处的伟大智慧，对于不断改进、调整、理顺、整合、协调人与天地即自然环境的平衡和谐发展的关系，以及人与社会、人心与人身的平衡和谐发展的关系（即生态、世态、心态之"三态"都得到同步平衡和谐发展），对树立和落实科学发展观，对实现世界和平发展，对创造人类更美好的明天，具有重要的启迪意义。

道法自然
——管理的最高法则

【说成语】

道法自然

释义 道：事物的本源，运行法则、规律；法：效法；自然：事物本来的样子、状态。道的法则是效法自然。

出处 《老子·二十五章》："人法地，地法天，天法道，道法自然。"

"云在青天水在瓶"

在中国的禅宗历史上，唐代朗州（今湖南省常德市附近）刺史李翱与药山惟俨禅师之间的交往曾被传为佳话。

公元820年的某一天，李翱前往拜访惟俨禅师，以求"道"之精义。两人见面后，他问惟俨法师："何谓道耶？"惟俨不慌不忙，笑而不答，转而用手指了指天空，又用手指了指净瓶中的水，问李翱："云在哪里？水在哪里？"李翱有些不解，乃回答："云在天上，水在瓶子里。大师何意？"惟俨禅师笑答："道不可言，'云在青天水在瓶'是也。"惟俨禅师用此隐喻告诉李翱，"道"很难描述得非常清楚，正所谓"妙不可言"，但"道"的本质是真实自然的，就像云在青天、水在净瓶一样。李翱当即"顿悟"，如同"暗室已明，疑冰顿泮"，随即作偈诗二首，其一曰："练得身形似鹤形，千株松下两函经。我来问道无余说，云在青天水在瓶。"

这首诗在禅宗历史上流传很广，至今仍然深得人们的喜欢。它不仅脍炙人口，而且寓意深刻。初读此诗，让人有一种醍醐灌顶的感觉，它让人们体悟到"道"的真谛在于"道法自然"，即做任何事情都要遵循其基本规律。

【话管理】

管理要旨：管理之道在于"道法自然"

《老子·一章》曰："有物混成，先天地生。寂兮寥兮，独立而不改，周行而不殆，可以为天地母。吾不知其名，字之曰道，强为之名曰大。大曰逝，逝曰远，远曰反。故道大，天大，地大，人亦大。域中有四大，而人居其一焉。人法地，地法天，天法道，道法自然。"

意思是说：在天地存在以前，就有一个东西浑然而成。它无形、无体、无声；既看不见，又听不到，摸不着。它不生不灭，独立长存，而永不改变；周行天下，不觉倦怠，而无所不在。世上的一切事物，莫不靠它才能生生不息，它可以说是万物的母体了。这样玄妙的东西，我实在不知道它的名称是什么，勉强把它叫作"道"，再勉强命名为"大"。它广大无边而循环不息，循环不息而伸展遥远，伸展遥远而又能返回本源。所以说，道是最大的；其次是天；再则为地；次则为人。宇宙中的"四大"，人也是其中之一。但这"四大"显然是各有范围，各有差等。人为地所承载，所以人当效法"地"；地为天所覆盖，所以地当效法"天"；天为道所包涵，所以天当效法"道"；道以自然为归，所以道当效法"自然"。

《老子·四十二章》曰："道生一，一生二，二生三，三生万物。万物负阴而抱阳，冲气以为和。人之所恶，唯孤、寡、不谷，而王侯以为称。故物或损之而益，或益之而损。人之所教，我亦教之。强梁者不得其死。吾将以为教父。"老子认为，道是万物化生的总原理，无极生太极，太极生阴阳，阴阳二气相交而生第三者，如此生生不息，便繁衍了万物，因此万物秉持阴阳二气的相交而生，这阴阳二气互相激荡而生成新的和谐体，始终调养万物。人所厌听的是孤、寡、不善，而侯王却以此自称，那是因为得道的侯王深明道体的缘故。任何事物，表面上看来受损，实际上却是受益，表面上看来得益，实际上却是受损。因此，人生在世，应遵道而行，不可仗恃自己的力量向大自然称强，否则定得不到善终。前人教给我这个道理，如今我也拿来转教别人，并以此作为"戒刚强"的基本要义。

《菜根谭》里有这样一句话：文章做到极处，无有他奇，只是恰好；做人做到极处，无有他异，只是本然。这"本然"二字，说的就是为人处世要怀有一颗平常心、一切顺其自然。我们无论是从事管理，还是打点个人人生，也都应当秉持"道法自然"的最高法则，自觉遵循规律，顺其自然，自然而然地推进事业、完善人生，绝不违背规律盲目从事，不去使莽力干那些力所不及的事，尤其是不要去干那些伤天害理的事情。

管理案例："下雨打伞"（松下幸之助的经营理念）

曾经有人问日本"经营之神"松下幸之助经营公司的成功秘诀是什

么？松下幸之助并没有直接回答，而是反问此人道："下雨了，你会怎么办？"此人回答："打伞。"松下幸之助说："我经营企业其实并没有什么秘密，就是坚持了一个基本原则，这个原则就是'下雨打伞'。"松下幸之助将"下雨打伞"视为最高的经营准则，其本质就是按照规律办事，顺理成章，顺其自然。

松下幸之助总结经验说："可成必可成，不可成必不可成，顺其自然地努力，才会皆大欢喜。"在实际工作中，我们往往会为一件根本就不可能成功的事绞尽脑汁地设计方案，使用各种策略，竭尽自己的努力去达成任务。但是，结果却是以失败告终，引起不满与摩擦，不仅使自己心情大受影响，而且也会无形中迁怒于别人，造成人际关系紧张。因此，我们每个人在做事时最好能集中我们的心神，顺其自然而行。这种全神贯注、精益求精的态度，于事必然能有所成。这样一来，不论是自己或他人，都能皆大欢喜，在融洽的人际环境中快乐地生活和工作。

无为而治
——管理的最高境界

【说成语】

无为而治

释义 无为：遵循自然的法则而不妄为；治：治理。自己不妄为而使天下得到治理。原指舜当政的时候，沿袭尧的主张，不做丝毫改变。后泛指以德化民。

出处 《论语·卫灵公》："无为而治者，其舜也与？"

萧规曹随

《史记·曹相国世家》曰："参代何为汉相国，举事无所变更，一遵萧何约束。"汉·扬雄《解嘲》言："夫萧规曹随，留侯画策。"说的是汉惠帝二年，萧何死后，惠帝急招曹参入国为相。曹参接替萧何做相国后，所有的事务都没有改变，完全遵守萧何制定的规约行事。

刚即位的汉惠帝看到曹丞相一天到晚请人喝酒聊天，好像根本就不用心为他治理国家似的，惠帝感到很纳闷，又想不出个所以然来，只以为是曹相国嫌他太年轻了，看不起他，所以就不愿意尽心尽力来辅佐他。

曹参的儿子曹窋在朝中任中大夫，惠帝向他责怪相国不治理国事。曹窋回去休假时按照惠帝的话劝谏曹参。曹参愤怒，用竹板打了曹窋二百下，说："赶快入朝侍奉皇帝，天下的事不是你应当谈论的。"到了朝拜时，惠帝责备曹参说："为什么给曹窋处罚呢？先前是我让他劝谏你的。"曹参摘下帽子谢罪说："陛下自己考察和高皇帝比哪一个圣明英武？"皇上说："我怎么敢与先帝比呢！"曹参又说："陛下看我的能力和萧何比哪一个更强？"皇上说："你好像赶不上萧何。"曹参说："陛下说的正确。况且高皇帝和萧何平定天下，法令已经明确，现在陛下垂衣拱手（指无为而治），我这样一类人恪守职责，遵循前代之法不要丢失，不也可以吗？"惠帝说："好，你歇着去吧。"

【话管理】

管理要旨：无为而治的管理理念

"无为"作为一种政治原则，在春秋末期已经出现，使"无为而治"系统化而成为理论的是《老子》。"无为而治"的理论根据是"道法自然"，现实依据是变"乱"为"治"，主要内容是"为无为"和"无为而无不为"，具体措施是"劝统治者少干涉"和"使民众无知无欲"。可见，"无为而治"的"无为"，绝不是什么都不做，而是指不妄为，不随意而为，不违道而为。相反，对于那种符合道的事情，则必须以有为为之。但所为之为，都应是发自自然，顺乎自然；是自然而为，而不是人为而为。这样才有利于事物的自然发展和成长。同样，治国安邦、管理组织亦应遵循客观规律，顺势推行，不能热衷于搞"大轰大嗡"的运动主义、形式主义等短期行为。那样只能是劳民伤财，收效甚微。

将"无为而治"的理念转化运用于现代管理之中，具有重要的现实意义。首先，提倡一种自然化的管理之道。管理者要遵循规律，严格按规律办事；要善于因势利导，顺其自然，为当为之事，不为不当为之事。其次，提倡一种人性化的管理之道。尊重人性，尊重和实现人的价值，这是搞好组织管理的核心问题。道家哲学告诉我们，实施管理工作既不能违背自然之道，也不能违背人道。尊重人、关心人、培养人、规范人、发展人、服务人、激励人，是管理工作的根本目的。最后，提倡一种"抓大放小"的领导策略。在任何一个组织中都存在着不同的管理层级。一般来说，上层领导的工作是宏观的、全局性的，主要是制定大政方针、谋划发展战略、把握发展方向，而非事无巨细。只有在小事上"无为"，才能在大事上更好地"有为"。而作为基层的管理者则应在大事上"明白"，在职责内的小事上"有为"。总之，处理好"为"与"不为"的关系，有所为、有所不为，是领导者应掌握的管理艺术。

松下幸之助认为，无论任何事情，做到不用心机，才是最好的境界。这种境界也就是"无为而治"。你可能有过这样的体验：自己计划反复推敲，制订了一份尽乎完美的计划，执行后原以为胜券在握，结果却以失败告终，令你百思不得其解。为什么会这样呢？其实原因很简单，就是因为你太重视技巧了，忽视了做事的本质，成了为技巧而技巧，哪有不失败的道理。松下告诫世人："太运用技巧、心机，反而容易失败；即使成功，也是不入流的手法。"其所谓"不用心机"，乍听之下，似乎非常好懂，然而要想真正体会把握它的内涵，顺其自然地行事，则是需要过人的领悟与锻炼才能做到的。

王石在自传《大道自然》中回顾说，1999 年他辞去万科总经理职务，有意同总公司管理层保持一段距离，就是要改变身先士卒、事必躬亲的创业初期的领导方式，消除东方式的领袖权威，授予下属更多的权力和责任，自己退居幕后运筹帷幄。这种转变是艰难痛苦的，但却是必需的，因为董事长只有将主要精力集中在指导全局规划和运作上，才能使万科制定的目标和价值观更好地协调，才能使万科走得更远、更充实。换句话说，如果仍然亲力亲为，万科会由于看不清战略方向，没有进行及时转变而失去长期发展的机遇。

管理案例：无为的"唐僧"，和谐的团队

马云于 2001 年在厦门会员见面会上的演讲中指出：中国人认为最好的团队是"刘、关、张"的团队，还有赵子龙、诸葛亮，这样的团队真是"千年等一回"。我们认为世界上最好的团队是"唐僧"团队。唐僧是领导，也是最无为的一个，唐僧迂腐得只知道"获取真经"才是最后的目的，孙悟空脾气暴躁却有通天的本领，猪八戒好吃懒做但情趣多多，沙和尚中中庸庸但却任劳任怨地挑着担子，这样的团队无疑"比一个唐僧三个孙悟空"的团队更能精诚合作、同舟共济。这就是团队的精神，有了猪八戒才有了乐趣，有了沙和尚就有人担担子，少了谁也不可以，互补、相互支撑，关键时也会吵架，但价值观不变。我们要把公司做大、做好。阿里巴巴就是这样的团队，在互联网低潮的时候，所有的人都往外跑，但我们是流失率最低的。

2003 年，马云在接受《财富人生》节目访谈时说："从第一天起我就不想控股。一个 CEO，一个公司的头儿绝对不能用自己的股份来控制这家企业，而是应该用智慧、胸怀、眼光来管理领导这家企业。如果所有的人是因为你控股而跟着你，这没有意义。所以我在这公司的建设过程中，不让任何一个人、任何一个机构、任何一个投资者来控制这个公司，大家采取科学合理的管理。"这就是马云做"唐僧"的学问。

国泰民安
——坚持总体国家安全观

【说成语】

国泰民安

释义 泰：平安，安定。国家太平，人民安乐。

出处 宋·吴自牧《梦粱录·山川神》："每岁海潮太溢，冲激州城，春秋醮祭，诏命学士院，撰青词以祈国泰民安。"

一则引人深思的帖子

2014 年，曾有这样一则帖子在微博与微信上流传，引人深思："一位北京工程师是个拿数字说话的人，他自费先购入 PM2.5 检测仪，并意识到了开窗的巨大风险。又买了一个二氧化碳检测仪，并意识到了不开窗的巨大风险。为解决两难困境，购入空气净化器，随后发现吸附式净化器的副作用，臭氧的风险。然后购入血氧检测仪确定自己是否处于亚健康……"

这位工程师的处境绝非个案。当下，我们身边的许多人似乎都生活在类似的焦虑中：走着走着，你突然看见，由于自来水管的爆裂，前方的路面突然塌陷了。过马路时需要左顾右盼，因为你能保证自己遵守交通规则，却无法保证别人也都能如你一样遵守交通规则。课余饭后，不敢让孩子单独一个人到楼下玩耍，一方面你会忌惮于治安环境是否足够让人放心，另一方面你更忌惮于污浊的空气会伤害孩子的身体健康。快递送上门，你得赶紧把写有个人信息的标签撕掉，因为你不知道写有家庭住址、姓名、电话的个人信息是否会给不法分子以可乘之机……有人说，以上种种，可以用一个词来形容，那就是"安全感缺失"。

【话管理】

管理要旨：坚持总体国家安全观

2014 年 4 月 15 日上午，中共中央总书记、国家主席、中央军委主席、中央国家安全委员会主席习近平主持召开中央国家安全委员会第一次会议并发表重要讲话。他强调，要准确把握国家安全形势变化新特点、新趋势，坚持总体国家安全观，走出一条中国特色国家安全道路。

习近平指出，当前我国国家安全内涵和外延比历史上任何时候都要丰富，时空领域比历史上任何时候都要宽广，内外因素比历史上任何时候都要复杂，必须坚持总体国家安全观，以人民安全为宗旨，以政治安全为根本，以经济安全为基础，以军事、文化、社会安全为保障，以促进国际安全为依托，走出一条中国特色国家安全道路。贯彻落实总体国家安全观，必须既重视外部安全，又重视内部安全，对内求发展、求变革、求稳定、建设平安中国，对外求和平、求合作、求共赢、建设和谐世界；既重视国土安全，又重视国民安全，坚持以民为本、以人为本，坚持国家安全一切为了人民、一切依靠人民，真正夯实国家安全的群众基础；既重视传统安全，又重视非传统安全，构建集政治安全、国土安全、军事安全、经济安全、文化安全、社会安全、科技安全、信息安全、生态安全、资源安全、核安全等于一体的国家安全体系；既重视发展问题，又重视安全问题，发展是安全的基础，安全是发展的条件，富国才能强兵，强兵才能卫国；既重视自身安全，又重视共同安全，打造命运共同体，推动各方朝着互利互惠、共同安全的目标相向而行。

管理案例：聚焦转型期社会的"安全感缺失"

安全感，一个复杂多元的个体感受，有关生命的安全，财产的安全，食品的安全，空气的安全，教育的安全。无疑，没有安全感是社会不稳定的重要原因，解决了公民安全感的问题才能建设稳定、和谐的社会。

很多年前，当信用卡刚刚在国内普通消费者中推广的时候，人们常常谈论的话题是：发达国家的百姓往往习惯于提前支出、提前消费；而在中国恰恰相反，百姓宁愿省吃俭用，也要把钱存下来留作日后他用。尽管消费理念差异形成的原因是复杂的，但我们深知，在一定程度上，中国养老、医疗、教育等社会资源的不均和制度的相对滞后，让中国人在生活层面安全感缺乏，才是导致中国人储蓄意识较强的原因之一。

实际上，在现实生活中，今天的中国百姓为未来生活未雨绸缪的举动不是越来越少而是越来越多了。这种未雨绸缪，提前预支的不是经济收入，而是对生活中一切不确定性的殚精竭虑。而担忧和焦虑的内容，也不仅仅是养老、医疗、子女教育等相对传统的老问题，还包括就业、环境污染、社会治安、信息安全等社会发展中出现的新问题。也正是从这个意义上说，当越来越多的人感叹越来越不淡定的时候，"安全感缺失"似乎已成为当前中国社会的集体无意识。

这种不淡定，容易滋生两种复杂的情绪：一种是盲目和非理性，另一种是"不确定"感。正如诺贝尔经济学奖得主丹尼尔·卡内曼所研究发现的，"人在不确定条件下、不安全状态下进行的判断和决策常常是非理性的。"有人说，任何形式的安全感缺失，归根结底都是因为害怕失去。而害怕的前提则在于失去的风险难以规避。转型期社会的迅速发展，难免将发展中的大量矛盾和弊病在相当短的时间内集中和呈现，这些矛盾和弊病对人们生活的渗透是全方位、多层次的。

转型期社会"安全感缺失"造成的情绪表征是显而易见的，对经济社会的发展带来的考验和挑战也是显而易见的。面对这些问题，政府不仅要通过社会主义核心价值观的培育和践行加以引导，更要在社会治理和保障的方方面面有所举措。当然，安全感的建立，还有赖于全社会的共识。正如地震发生时，国民对他人"爱人如己"般的关注。从那一刻我们就应该相信，没有什么灾难能把中国人打败，也不应该有什么坏消息能夺走中国人的安全感。

安居乐业
——老百姓的福祉

【说成语】

安居乐业

释义 安：安定；乐：喜爱，愉快；业：职业。指安定愉快地生活和劳动。

出处 《老子·八十章》："民各甘其食，美其服，安其俗，乐其业，至老死不相往来。"《汉书·货殖列传》"各安其居而乐其业，甘其食而美其服。"

史铁生的"幸福底线"

已故作家史铁生在他的《病隙碎笔》中写道："生病的经验是一步步懂得满足。发烧了，才知道不发烧的日子多么清爽。咳嗽了，才体会不咳嗽的嗓子多么安详。刚坐上轮椅时，我老想，不能直立行走岂不把人的特点搞丢了？便觉天昏地暗，等又生出褥疮，一连数日只能歪七扭八地躺着，才看见端坐的日子其实多么晴朗。后来又患尿毒症，经常昏昏然不能思想，就更加怀恋起往日时光。终于醒悟：其实每时每刻我们都是幸运的，任何灾难前面都可能再加上一个'更'字。"

史铁生吃尽了"疾病"的苦头，所以才把"幸福底线"定得如此之低。

他的体会告诉我们，应该给自己的幸福画一条最浅的底线，去学会从最平常的日子、最琐碎的事情里品尝幸福的滋味。

【话管理】

管理要旨：什么是幸福

幸福是"大众情人"，谁不爱，谁不想，谁不追求，然而又有多少人真正拥有？幸福是"千面女郎"，一千个人心中有一千个哈姆雷特，一千个人心中也有一千个"幸福"。

清代张潮在《幽梦影》中说："值太平世，生湖山郡，官长廉静，家道优裕，娶妇贤淑，生子聪慧，人生如此，可云全福。"这里，张潮列举了幸福的外在条件，包括环境优美、政治清明、经济发展、家庭和美等，几乎就是"中国特色社会主义"的美丽远景。这是一个整体幸福的指标，确实叫人心为向往。

孙正聿教授认为："幸福是比较富裕的物质生活对人的生理的满足，比较充实的精神生活对人的心理需求的满足，一种和谐的社会生活对人的伦理需要的满足。这样才会有真实的幸福感，幸福是一种'感'，不是相互割裂的，幸福感应该是安心、顺心和放心的感觉，而不是一种担心、操心和烦心的感觉。"

具体到一个人，这些条件都具备了，是不是就一定幸福呢？未必。不是说外在的条件不重要，因为说到底，幸福不取决于你拥有什么，而取决于你对待生活的态度。一般来说，健康、平安、衣食无忧，这些人类最基本的需求，是幸福人生的基础，失去了这个基础，所谓"幸福"，其实是水月镜花。

有这么一个寓言，一位老人在海边晒太阳，一个年轻人问他为什么不下海捕鱼。老人说我捕的鱼已足够我吃了。年轻人说你可以多捕鱼，吃不了的可以卖掉，有了足够多的钱就可能买一条大船，雇人捕鱼，这样，你就可以不再捕鱼了。老人问，那我干些什么？年轻人说那你就可以在海边晒晒太阳。老人说，我现在不正晒着太阳吗？幸福，有时就是把脚步停下来，再把眼睛和心灵打开。

台湾地区作家李敖曾说，人生有两件事最快乐：一是男欢女爱；二是获取知识。限于人的精力和体能，男欢女爱的快乐不能常享，而且这种快乐还可能伴有"毒副作用"；那么获取知识、探索未知就是快乐的康庄大道了，所以有人说："只要有书读，人生就幸福。"除此之外，与朋友，与更多的人分享知识和智慧，即交谈和写作，同样是幸福的事。

管理案例：把"幸福"当成公共政策标准

经济学中有一种假设，认为"收入＝效用＝幸福"。其理论内涵为：理性经济人的一切行为都在追逐"效用最大化"。民众收入越高，可拥有和消费的商品组合也越多，由之获取的效用便更大，自然应当更幸福。

然而，这种貌似完美的逻辑，却被多国的发展实践无情击破。有调查显示，从1958年至1991年，日本的人均GDP增长了6倍，而平均的生活满意度却几乎未曾改变。1946年至1991年，美国人均收入从1.1万美元增至2.7万美元，幸福指标反而小幅缩水。据此，经济学家伊斯特林进一步验证出居民收入与幸福度的相关性并不显著，于1974年提出著名的"收入—幸福悖论"。中国改革开放以来的经济社会发展数据也表明，民众的主观幸福并未与经济增长同步提速是事实。

民生幸福与经济增长的"二律背反"使人们开始对"幸福经济学"产生了兴趣。诺奖得主阿马蒂亚·森就曾指出："不管经济学如何发展，她最终要回答的是人类如何才会幸福的问题。"但是，将幸福的"软概念"嵌入经济学的"硬体系"，并非易事。好比"天气"需借助温度、风力、颗粒物等多重客观指标给予表述，幸福也应由多元可观察、可测量的元素组成。

有人提出，"幸福经济学"当依四个维度展开。一曰"利"。在现阶段，抛开物质条件片面谈主观幸福感是不现实的。收入与财富的积淀，依然是获取幸福的重要源泉。二曰"名"。同等收入条件下，个人获得社会认可与尊重的差别，是形成幸福感差距的关键因素。三曰"交往"。有人

16

请"积极心理学之父"马丁·塞利格曼用一个词描述积极心理学的主旨，得到的答案是"他人"。当更多的"时间""精力"配置到家庭、朋友、社会公益等人际方面，就会体验到亲情、友情、爱心对幸福感至关重要。四曰"安康"。老子有曰："名与身孰亲？身与货孰多？"这在当下仍是最需回答也是最难回答的问题。健康与安全的投入才会获得最为丰沛的幸福回报。

英国经济学家理查德明确提倡，不仅要把幸福作为个人选择的标准，而且应该作为衡量政府公共政策的唯一标准。近年来，各级政府财政支出日益"民生化"。而从"幸福经济学"的维度出发，"民生倾斜"不等于"幸福倾斜"，还需要有针对性地提升民众幸福感受，让公共财政政策更有的放矢。一方面，实证研究表明，相对收入差距对个人幸福的影响，远大于绝对收入值。因此，财税政策在刺激总体"利"增的基础上，更应强化转移支付功能，缩小分配差距的鸿沟。另一方面，财税支出必须加大教育与文化支出，为个人成"名"追梦、共享人生出彩的机会，创造更加自由、更加公平的舞台。

实事求是
——正确的思想路线

【说成语】

实事求是

释义 实：查实；事：客观存在的事物；求：探求；是：正确，这里指事物的内部真相。指从实际出发，探求事物的内部联系及其发展的规律性，认识事物的本质。通常指按照事物的实际情况办事。

出处　汉·班固《汉书·河间献王刘德传》："修学好古，实事求是。"

苏堤、左公柳与焦桐

北宋文豪苏东坡在任杭州期间，疏浚西湖，以挖出的葑草和淤泥堆积而成长堤，"植芙蓉、杨柳其上，望之如图画"。晚清儒将左宗棠率军到西北大漠，看戈壁滩上荒凉景象，沿途遍栽杨、柳、沙枣树，名曰"道柳""左公柳"。后人漫步"东风二月苏堤路，树树桃花间柳花"的西湖而念苏东坡，目睹"连绵数千里绿如帷幄"的塞外奇观而思左宗棠，虽经千百年风雨烟尘而不淹没，干实事的穿透力量竟至于斯。

今天，人们到兰考见焦桐而念焦裕禄，在大亮山极目绿海而思杨善洲，不正是这些优秀共产党人"为官一任，造福一方"，留下了令人们睹物思人的实绩吗？

【话管理】

管理要旨：坚持实事求是的思想路线

"实事求是"在中国古已有之，是中华民族历代先贤所崇尚的一种科学的价值取向和行为方式。《汉书·河间献王刘德传》所记"河间献王刘德以孝景前二年立，修学好古，实事求是"，即为文字出处。颜师古注曰"务得事实，每求真是也"。刘德的"实事求是"是考证古书时求其真本，讲的是实证的治学态度和方法。"延安整风"时期，毛泽东在总结中国共产党的历史经验教训时，借用中国古典，提出了党的"实事求是"思想路线的完整表述和科学阐释。他在强调马克思列宁主义的理论和中国革命的实际运动结合起来时，指出"这种态度，就是实事求是的态度。'实事'就是客观存在着的一切事物，'是'就是客观事物的内部联系即规律性，'求'就是我们去研究"。这一阐释给古老的"实事求是"赋予了马克思

18

主义哲学内容，使其成为中国共产党的思想路线。可谓批判地继承优秀文化传统的光辉典范。

但是，思想路线问题的解决并非一劳永逸。1958年"大跃进"以至后来的"文化大革命"，就是违背和破坏了正确的思想路线的结果。"文化大革命"结束后，邓小平总结新中国成立以来党的成败得失，面对"两个凡是"的错误主张，为了冲破禁锢，打开局面，他领导和支持了关于"实践是检验真理唯一标准"的大讨论，号召全党解放思想，实事求是，恢复和发展毛泽东倡导的马克思主义思想路线。1978年12月，他在中央工作会议上所作的题为《解放思想，实事求是，团结一致向前看》的重要讲话中强调，一个党，一个国家，一个民族，如果一切从本本出发，思想僵化，迷信盛行，那它就不能前进，它的生机就停止了，就要亡党亡国。只有解放思想，坚持实事求是，一切从实际出发，理论联系实际，我们的社会主义现代化建设才能顺利进行。中共十六大在思想路线中增加了"与时俱进"的内容。中共十八大修订的新《党章》在总纲中规定："坚持解放思想，实事求是，与时俱进，求真务实。党的思想路线是一切从实际出发，理论联系实际，实事求是，在实践中检验真理和发展真理。全党必须坚持这条思想路线，积极探索，大胆试验，开拓创新，创造性地开展工作，不断研究新情况，总结新经验，解决新问题，在实践中丰富和发展马克思主义，推进马克思主义中国化。"

我们在实施组织管理的过程中，始终需要以实事求是的科学态度去探索和把握社会各个领域的基本规律，然后自觉遵循这些规律顺势推进各行各业的工作，而绝不是凭主观想象，凭一时的热情，凭死的指标去乱决策、瞎指挥。不能单纯为了追求"数字政绩"、"声势政绩"而去人为地把简单问题复杂化。那些脱离实际、违背规律的"大轰大嗡"的形式主义、运动主义，除了劳民伤财之外，毫无实效。

管理案例：实事求是的吴仁宝

"天下第一村"——华西村的老书记吴仁宝说："千难万难实事求是最

难，我也说过假话，1958年'浮夸风'时虚报过粮食产量。但是从那以后，我对虚假的一套再也不相信了。干部说假话，受苦的是老百姓。要能坚持实事求是不说假话，就得心理上没有包袱，不想升官，不想当先进，只有这样，你讲的话才能真正为老百姓负责，为党的事业负责！我担任村书记48年，在重大决策上从没有出现过失误，也是靠的实事求是。"

有记者问吴仁宝："你用农民兄弟听得懂、学得会的语言，把中央精神讲得明明白白。身在基层，你是如何做到这一点的？"吴仁宝回答："关键是要'吃透两头''两头一致'。'吃透两头'，指的是吃透党和国家的大政方针政策，吃透本地工作实际。'两头一致'，就是'一头'与中央保持一致，'一头'与老百姓保持一致。华西不管是坚持'集体承包'，还是搞'一村两制'等，都不是盲目跟风、照抄照搬，而是实事求是地将理论与实践、大政方针与具体实际相结合。"

吴仁宝有一段关于"本色"的话讲得非常实在。他说："我是农民，忘本的农民。什么叫农民？种粮食吃的叫农民，不种粮食了，搞工业、商业了，就不是农民了？曾经有领导提醒我，你是农业的先进，你是农业出身，现在搞工业了，你忘本了。我笑着说，我想彻底忘本。我不怕忘本，我要保留的是农民的本色，要实事求是，要讲真话。"

若烹小鲜
——治国理政的艺术

【说成语】

若烹小鲜

释义 烹：煎、煮之意；小鲜，即小鱼。治理大国就好像煎（煮）小鱼一样（不要经常翻动）。意为治理大国要像煮小鱼一样。煮小鱼，不能多加搅动，多搅则易烂，比喻治大国应当"无为"。后常用来比喻轻而易举。

出处 《老子·六十章》："治大国，若烹小鲜"。

治国如同做菜

伊尹见商汤是个贤德的君主，便向他提出自己的治国主张。一次，伊尹借商汤询问饭菜的事说："做菜即不能太咸，也不能太淡，要调好作料才行；治国如同做菜，既不能操之过急，也不能松弛懈怠，只有恰到好处，才能把事情办好。"商汤听了，很受启发，便产生重用伊尹之意。商汤和伊尹相谈后，顿觉相见恨晚，当即命伊尹为"阿衡"（宰相），在商汤和伊尹的经营下，商汤的力量开始壮大，想进攻夏桀。

伊尹建议商汤停止向夏桀进贡，看夏桀如何动作，以探测夏桀的实力。夏桀果然非常愤怒，征调九夷的兵力，要来伐商。伊尹当即劝商汤说：夏桀还能调动兵力，我们伐他的时机还未成熟。于是，商汤又向夏桀进贡。当伊尹看到时机成熟时，又一次停止向夏桀进贡，但因为夏桀的暴行，这次，他未能调动军队了，于是伊尹就向商汤建议起兵。商汤很快就打败了夏桀的军队，把夏桀流放到南巢，夏王朝从此灭亡，诸侯一举拥戴贤德的商汤为"天子"，建立了"商朝"。

【话管理】

管理要旨："治大国若烹小鲜"的管理艺术

老子对怎样治理大国有一句至理名言："治大国，若烹小鲜。"老子认为，治国理政头绪繁多，犹如烹制小鱼时不宜用大火急火或粗暴地去搅动，应符合小鱼本身的规律，与用小火、慢火精心细致的料理一样，治国理政首先是不折腾，否则国家就会像小鱼一般被弄得支离破碎。治国特别是治大国，情况更为复杂，如果不懂得持重守静、以简驭繁，乱动一气，会弄得老百姓疲于应付、无所适从，结果民心涣散，导致天下大乱。这是道家"无为而治"思想的形象表述。老子用这个比喻提醒我们，治理国家最好是无为而治，政府管得越少越好。现泛指管理必须科学化，必须把握规律性，精心细致，循序渐进。

日本企业界十分重视对中国传统文化的研究，并积极地运用到企业管理中。他们称老子的"自然""无为""以柔克刚"为管理之"金言"，认为老子的管理艺术是一种"软管理"。某些企业家把"无为而治"理解为领导者"无为"，而被领导者"有为"。不少企业家运用"无为而治"的理论管理企业而取得成功。他们做到了当好的"导演"但不代替"演员"演戏。所以，企业家应超脱繁杂的具体事务，在宏观管理上对企业起一种指导作用，把握企业的发展方向，拿出更多的精力给下属搭起实现成功的舞台，自己少些"为"（少干预），让下属多些"为"（勤做事），这样才能避免领导者瞎指挥之弊，充分调动下属的积极性和创造性，从而使企业焕发生机和活力。

有些企业负责人没有领会透"无为"的奥妙，整天忙的团团转，干着本该由下属干的事，越俎代庖，看似十分勤奋，实则挫伤了下属的积极性和能动性。被誉为日本现代企业"经营之神"的松下幸之助说："我虽然是经理，但我并不是站在前头拼命工作，而是站在后面由各从业人员来替我做事。"正因为松下幸之助抓住了"无为而治"的管理精髓，才使松下公司雄霸世界，松下产品誉满全球。在市场经济条件下，顺应市场经济规律，更好地调动员工的积极性和创造性，促进企业的发展进步，才是"无为而治"对现代企业管理的内在要求。

管理案例：领导而不干预

四川恩威公司总经理薛永新，深谙道家文化要义，他认为"无为"不是什么也不做，而是所做的一切都要顺乎"自然"。他利用这种思想管理企业，介入市场，像疏导流水那样，调谐员工的智慧和能力，从1985年开始创业，短短七八年时间，使仅有二三十人的恩威化工厂，以飞跃的速度发展成为员工二千余人、自有资产逾4亿元的现代化集团公司。

著名的美国贝尔实验室负责人陈煜耀博士把他的管理之道概括为"无为而治"，他把写有这四个字的条幅挂在办公室的墙上，并附上英文注释："最好的领导者是帮助人，又让人感到不需要他。"他还对访问者说："领导人的责任要做到你在领导，又要让别人并不认为你在干预他。"这便是贝尔实验室的成功之道。

开物成务
——按照客观规律办事

【说成语】

开物成务

释义 开：开通，了解；务：事务。通晓事物之理，得以办好各种事情。

出处 《易·系辞上》："夫《易》，开物成务，冒天下之道，如斯而已者也。"（"易"字以日月合璧，表示宇宙的变化。冒：统括。）

开物成务，主动取胜

一只跛足的兔子要和一只健步如飞的兔子比赛，跛足的兔子知道自己硬实力不够，比赛前一天晚上就拼命钻研、熟悉地图，看能不能找出快捷方式到达终点；而那只健步如飞的兔子呢，它自恃硬实力很强，当晚沉迷网络不睡觉。结果，第二天比赛，跛足的兔子一跛一跛到达终点，健步如飞的兔子却迷失了方向，输了。跛足的兔子知晓自己的弱点，预先探索比赛捷径，通过发挥主观能动性获胜，这就是"开物成务"；而健康的兔子自以为是，不研究客观规律，只得落败。

【话管理】

管理要旨：老老实实按客观规律办事

历史和现实一再证明，凡是从实际出发、符合客观规律的认识和指导，都是科学的，是事业成功的根本保证；凡是脱离实际、违背客观规律的认识和指导，都是不科学的甚至是错误的，只会导致实践中的失败。因此，做任何事情都必须坚持从实际出发，自觉探索规律、遵循规律、按规律办事。按照道家学说，就是要做到"悟道尊道、得道合道、御道而行、以道核绩"。

悟道尊道：探索和领悟客观规律。"道"即万事万物运行的根本法则，即规律。马克思主义认为，客观规律是指事物运动过程中本身所固有的本质的联系和必然的趋势。规律是客观的，不以人的意志为转移，它既不能被创造，也不能被消灭。因此人们只能通过学习和实践去积极探索和领悟客观规律。这就是实事求是的科学态度。毛泽东指出："我们要从国内外、省内外、县内外、区内外的实际情况出发，从其中引出其固有的而不是臆造的规律性，即找出周围事物的内部联系，作为我们行动的向导。"

得道合道：努力使主观与客观相契合。辩证唯物主义认为，主观与客观是对立统一的关系。客观不依赖于主观而独立存在，客观决定主观，主观能动地反映客观和反作用于客观，对客观事物的发展起着促进或阻碍作用。实践中，由于客观事物本身的复杂性及发展变化性，由于主观认识受社会历史条件、阶级地位和科学知识水平等的限制，使主观认识常落后于客观实际，主观与客观之间常产生矛盾，这个矛盾，只有经过不断实践、不断总结经验及教训，才能逐步做到主观与客观具体的历史的统一。邓小平强调指出："解放思想，就是使思想和实际相符合，使主观和客观相符合，就是实事求是。"

御道而行：按客观规律办事。得道的目的在于自觉应用规律指导实践。规律是客观的，但并不表示人在规律面前是无能为力的。人可以充分发挥主观能动性，在认识和把握规律的基础上，预见事物发展的趋势和方向，根据规律发生作用的条件和形式利用规律，指导实践活动，改造客观世界，造福于人类，也就是"开物成务"。

以道核绩：这是检验领导干部是否真正按客观规律办事的根本标准。领导干部或管理者要坚持按照客观规律办事，兢兢业业地干好工作，实实在在地创造业绩。考核管理者绩效，要注重考察管理工作的实际成效，把是否遵循客观规律和科学规律，是否推动事业发展，是否对组织和员工负责、对长远发展负责，作为考核管理者绩效的根本标准。

管理案例：开物成务，励学利民

香港理工大学的校训是"开物成务，励学利民"。该校校长潘宗光解释说："开物成务"来自《易经》，它主要是希望我们"开物"整个宇宙的自然规律，理解整个宇宙万物，打开自己的门来帮助我们完善事物，当我们掌握了这些规律之后，做事情会更有理想。"励学利民"来自汉代王充的《论衡》这本书，"励学"就是不停地增加自己的学问、能力等，"利民"是指不单单帮助自己，最重要的是为人民、为社会、为国家谋福利，不单单为个人。所以"开物成务，励学利民"不只是一个口号，更是一种人生实践。

庖丁解牛
——得理方能应手

【说成语】

庖丁解牛

释义　庖丁：厨工；一说"丁"是厨工名。解：分割，肢解。比喻经过反复实践，掌握了事物的客观规律，技术纯熟神妙，做事得心应手，运用轻松自如。

出处　《庄子·养生主》："庖丁为文惠君解牛，手之所触，肩之所倚，足之所履，膝之所踦，砉然响然，奏刀騞然，莫不中音。"

庖丁解牛

《庄子·养生主》说，有一个厨子替文惠君宰牛，举凡用手抓，用肩扛，用脚踩，用膝抵，用刀割等动作，以及牛的皮肉分离声，刀的割切声，没有一样不合乎节拍，像是《桑林》的舞曲，又像极了《经首》的节奏。文惠君不觉赞叹道："太棒了！你的技巧真是出神化境。"

厨子放下刀回答说："我喜欢的不只是手艺，还有道。当初我刚学杀牛的时候，看见的是一只完整的牛；三年后，在我眼中的已不是全牛，而是牛体的关节；而今杀牛，我再也用不着用眼耳来操纵，而只是用运神顺着牛体的结构，以刀击开骨节连接的空隙。我甚至可以不碰筋骨和肌肉相连处，更别说去碰大骨了。"

"技术高明的厨子，每年得换一把刀，因为他用刀割肉；普通的厨子，每月得换一把刀，因为他用刀去砍骨头；而我的刀用了十九年，杀了几千头牛，刀口却没有厚度，用没有厚度的刀插入骨节间的空隙，活动的空间自然是绰绰有余，这把刀就这样使用了十九年。"

"虽然如此，每当碰到筋骨集错难辨的地方，我还是会特别仔细，集中精力，慢慢地动手。只要我稍一动刀，牛的肢体就好像堆在地上的土块一样分散开来。然后我提刀四处看看，再带着满意的心情，把刀擦净了收起来。"

文惠君听后，恍然说道："善哉，吾闻庖丁之言，得养生焉。"由厨子这番话，他已得到了养生的妙道。后常用"庖丁解牛"作为神妙的技艺的典型。

【话管理】

管理要旨：道法自然，化繁为简

道家"道法自然"的思想是一以贯之的，其重要传人庄子所讲"庖丁解牛"的故事，就是比喻经过反复实践，掌握了事物的客观规律，做事才能得心应手，运用自如，从而变复杂为简单。无论是组织管理，还是个人人生管理，都是如此。

都说人生复杂，于是市面上有很多指导如何科学、艺术地生活的著作，但实际上被指导者看了以后，仍然还是觉得复杂，因为生活的个案实在变化太多了。也有人觉得人生本来简单，人生复杂是想出来的，只要自己不复杂，思想中就没有那么多的负担；只要自己不复杂，旁人一般也是不屑于和简单的人去角力的。但这几乎很快地被证明为是一种幻想，因为当前的社会本身就已经不是一个简单的社会了。

想到庖丁解牛。牛无疑也是很复杂的，庖丁解牛，为什么能一刀下去，刀刀到位，轻松简单，原因是什么？是因为他经过多年的努力探索，清晰地掌握了牛的机理。牛与牛当然各不相同，但不管中国牛和美国牛，其机理是一致的；每个人的生活、每个组织或企业的管理也各有各的面貌，但基本原理却是近似的。庖丁因为熟悉了牛的机理，自然懂得何处下刀。生活和组织管理也是一样，如果我们能透解、领悟了生活和组织管理的道理，摸准了其中的规律，就能和庖丁一样，做到目中有牛又无牛，就能化繁为简，轻松自如地管理自己的人生或组织。

人类社会充满着错综复杂的矛盾，人处世间，只有像庖丁解牛那样避开矛盾，做到顺应自然，才能保身、全生、养亲、尽年。庄子告诉我们，人的生命是有限的，而知识是无穷无尽的。如果我们以有限的生命去追求无穷无尽的知识，是一件危险的事，所以必须学会化繁为简。因此，梁惠王说："好啊！我听了庖丁的话，学到了养生之道啊。"

管理案例：格鲁夫的"偏执狂生存"

在企业未来生存中，趋势预见力来自专注。用英特尔公司 CEO 安迪·格鲁夫的话说，"只有偏执狂才能生存"。对于未来，格鲁夫认为，"要想预见今后 10 年会发生什么，就要回顾过去 10 年中发生的事情。"格鲁夫重新定义了英特尔公司，使之从制造商转变为业界领袖。而他本人也成为领袖中的领袖。

格鲁夫是典型的能够熟练预见未来的现代"庖丁"。对于专注产生预见力，格鲁夫有切身的感受，他说："只要涉及企业管理，我就相信偏执万岁。企业繁荣之中孕育着毁灭自身的种子，你越是成功，垂涎三尺的人就越多……我认为，作为一名管理者，最重要的职责就是常常提防他人的袭击，并把这种防范意识传播给手下的工作人员。我不惜冒偏执之名而整天疑虑的事情很多。我担心产品会出岔，也担心在时机未成熟时就介绍产品；我怕工厂运转不灵，也怕工厂数目太多；我担心用人的正确与否，也担心员工的士气低落。当然，我还担心竞争对手。我担心有人正在算计如何比我们做得多快好省，从而把我们的客户抢走。"

在格鲁夫身上，偏执表现为对信念异乎寻常的执着。他认为，企业繁荣之中时刻孕育着毁灭自身的种子，而他正是以偏执的态度时刻关注着危机的降临和"战略转折点"的到来。在他看来，"战略转折点"就是企业面对的即将发生突变的那一刻。这时，企业面对的是"10倍速的变化"。这种变化可能来自技术的突进，可能来自竞争对手的策略，也可能来自企业自身组织结构的调整。最主要的是，这种变化难以在事前的计划中预测到，能否适应这种变化成为企业成败的关键。他说："战略转折点能够置人于死地，那些由于经历了转折点的变化而开始衰退的企业，很少能够重获当年的昌盛。"

"在雾中驾驶时，跟着前面的车的尾灯灯光行路会容易很多。'尾灯'战略的危险在于，一旦赶上并超过了前面的车，就没有尾灯可以导航，失去了找到新方向的信心与能力。"在格鲁夫的眼里，做一个追随者是没有前途的，"早早行动的公司正是将来能够影响工业结构、制定游戏规则的公司，只有早早行动，才有希望争取未来的胜利。"

修齐治平
——儒家的管理纲要

【说成语】

修齐治平

释义 指按照孔孟之道，修养自身品性，管理家庭，治理好所在的地区（原指诸侯国），最后使全中国安宁太平。

出处 是对儒家"修身齐家治国平天下"思想的简称。出自西汉·戴圣《礼记·大学》："古之欲明明德于天下者；先治其国；欲治其国者，先齐其家；欲齐其家者，先修其身；欲修其身者；先正其心；……心正而后身修，身修而后家齐，家齐而后国治，国治而后天下平。"

皋陶和大禹的治国论

儒家经典《尚书·皋陶谟》记载：有一次，皋陶和大禹在帝舜面前讨论如何治理国家的问题。他们提出了"为政"的三项原则。一是"修身"，就是君主要严格要求自己，努力提高品德修养；二是"官人"，就是要善于发现和使用好各级官吏；三是"安民"，就是要给老百姓实惠，使老百姓享受安定的生活。孔子继承并发挥了这一思想，明确提出了领导者的三项任务："修己以敬""修己以安人""修己以安百姓"。以修养自己为基础，去从事管理工作。从自我管理，到对各级管理人员的人事管理，再到整个组织的管理，这就是儒家所提出的"修己安人"的领导方式。

管理要旨：修己安人的儒家管理纲要

在儒家经典《大学》中，所谓"大学"，即大人之学。"大人"，就是传统中国社会的管理精英和骨干。《大学》之道，是古代培养精英骨干的教育原则和方法。在古代，子弟八岁入小学，教育内容主要是"礼乐射御书数"之文和洒扫、应对、进退等基本生活规矩。十五岁入大学，教人穷理、正心、修己、治人的方法。

《大学》曰："大学之道，在明明德，在亲民，在止于至善。知止而后有定，定而后能静，静而后能安，安而后能虑，虑而后能得。物有本末，事有终始。知所先后，则近道矣。""古之欲明明德于天下者，先治其国；欲治其国者，先齐其家；欲齐其家者，先修其身；欲修其身者，先正其心；欲正其心者，先诚其意；欲诚其意者，先致其知。致知在格物。物格而后知至，知至而后意诚，意诚而后心正，心正而后身修，身修而后家齐，家齐而后国治，国治而后天下平。自天子以至于庶人，一是皆以修身为本，其本乱而末治者，否矣。其所厚者薄，而其所薄者厚，未之有也。此谓知本，此谓知之至也。"

这段教育大人的原则和步骤的话被概括为"三纲领""八条目"。"三纲领"，即"明明德""亲民""止于至善"。"八条目"，即"格物、致知、诚意、正心、修身、齐家、治国、平天下"。这是大学教育的具体步骤和顺序，其中以"修身"为中心。在儒家的思想中，修身与治国、自我管理与国家管理是密不可分的，儒家把管理者的自我管理看作一切管理活动的起点。儒家强调从管理者的自我管理，再到家庭管理、国家管理和社会管理，由内而外，层层推进，不可或缺，不可超越。儒家倡导的"德治"，是要求管理者带头遵守社会道德规范，以身作则，从而吸引被领导者上行下效、同心同德地去实现管理的目标。因此，其是一种强调道德价值导向的管理方式。在儒家看来，管理就是"修己安人"的历程。其中，"修身""修己"，即为政者的自我管理是一切管理活动的根本或起点。而

管理哲学——管理的基本法则

终点则是"安人"。为政者只有首先修养管理好自己，才能管理好别人、国家和百姓。"修身""修己"的要旨在于自觉、自律与自主。"安人"的诉求为：己安人也安。如果不能安人，"修己"不过是独善其身，谈不上管理。

美国管理学大师德鲁克在 1985 年为其专著《有效的管理者》一书再版作序时指出："一般的管理学著作谈的都是如何管理别人，本书的目标则是如何有效地管理自己。一个有能力管好别人的人不一定是一个好的管理者，而只有那些有能力管好自己的人才能成为好的管理者。事实上，人们不可能指望那些不能有效地管理自己的管理者去管好他们的组织和机构。从很大意义上说，管理是树立榜样。那些不知道怎样使自己的工作更有效的管理者树立了错误的榜样。"说到底，管理一方面讲求伦理道德，另一方面追求管理效益。因为管理是外在的伦理，而伦理是内在的管理，两者密不可分。做好人本身的价值不高，能够把好事做出来，才是真正的贡献。"正己而正人，身正而令行"——这个在现代西方管理学很晚才意识到的管理真谛，由于儒家的提倡和历代管理者的身体力行，在中国传统管理智慧中，恐怕已经是一个普通的常识了。

管理案例：威斯敏斯特大教堂的无名墓碑——不如从改变自己开始

在英国著名的威斯敏斯特大教堂地下室的墓碑林中，有一块普普通通的墓碑，粗糙的花岗岩质地，外形呆板而缺乏美感。它与周围二十多位英国国王那质地上乘、雕刻精美的墓碑以及牛顿、达尔文、狄更斯等名人的墓碑相比，显得黯然失色，毫不起眼；而且，它没有墓主人的名字和生卒年月，更没有一丁点介绍墓主人生平的文字。就是这座微不足道的无名氏的墓碑，却名扬世界。凡是来威斯敏斯特大教堂的人，可以不去参观那些曾经显赫一时的英国国王的墓碑，可以不去参观牛顿等世界名人的墓碑，但没有不去参观无名氏墓碑的，而且没有不被这块无名氏墓碑所折服和震撼的，确切地说，没有不被无名氏墓碑上的碑文所折服和震撼的。这块墓碑上所刻的文字是这样的：

When I was young and free and my imagination had no limits, I dreamed of changing the world.

当我年轻时，我的想象力从没有受到过限制，我梦想改变这个世界。

As I grew older and wiser, I discovered the world would not change, so I shortened my sights somewhat and decided to change only my country. But it, too, seemed immovable.

当我成熟以后，我发现我不能改变这个世界，于是我将目光缩短了些，决定只改变我的国家。但是，我的国家似乎也是我无法改变的。

As I grew into my twilight years, in one last desperate attempt, I settled for changing only my family, those closest to me, but alas, they would have none of it.

当我进入暮年后，我发现我不能改变我的国家，我的最后愿望仅仅是改变一下我的家庭。但是，这也不可能。

And now as I lie on my deathbed, I suddenly realize: If I had only changed myself first, then by example I would have changed my family.

From their inspiration and encouragement, I would then have been able to better my country, and who knows, I may have even changed the world.

当我躺在床上，行将就木时，我突然意识到：如果一开始我仅仅去改变我自己，然后作为一个榜样，我可能改变我的家庭。

在家人的帮助和鼓励下，我可能为国家做一些事情。然后谁知道呢？我甚至可能改变这个世界。

很显然，这位令人肃然起敬的无名氏是位有理想、有抱负的人，这篇碑文是他心灵的自省，充满着哲理和教益。据说，许多政要和名人看了都感慨不已。当年轻的曼德拉读了这段碑文后如醍醐灌顶一般，认为找到了改变南非，甚至改变世界的金钥匙。回到南非后，他放弃了以暴力抗争来打破种族歧视的观念，改变了自己的处事风格和思想，进而改变了自己的家庭、亲人和朋友，经过几十年的奋斗，终于改变了南非这个国家。

相信，当我读到这篇碑文时，心中会豁然开朗，它似乎就是《大学》精义的西方注解！耐人寻味的是：《大学》与这篇碑文都告诉那些有抱负、有理想的"大人"们：要想改变世界，必须从改变你自身开始；要想撬动世界，支点就在你的内心里。若曾子、朱熹复生，读到这篇碑文，定会击掌赞叹，认为这与《大学》深意若合符节，不免发出"东海西海，心同此心，理同此理"之叹吧。

穷则独善其身，达则兼善天下
——儒家人生哲学

【说成语】

穷则独善其身，达则兼善天下

释义 善，使之善，指修养或治理。达，得志。旧指做大官。穷困不得志时，就独自把个人的才德修养好；得志做了大官，就同时也把天下治理好，让老百姓都能得到好处。

出处 《孟子·尽心上》："穷则独善其身，达则兼善天下。"

"穷不失义，达不离道"

《孟子·尽心上》载，孟子曰："尊德乐义，则可以嚣嚣矣。故士穷不失义，达不离道。穷不失义，故士得己焉；达不离道，故民不失望焉。古之人，得志，泽加于民；不得志，修身见于世。穷则独善其身，达则兼善天下。"说的是：春秋时期，有一个叫宋勾践的人，他和当时的士人一样，喜欢游说君王，论述己见，但并不能达到"人不知而不愠"的境界，难免经常郁闷。孟子就用上述这段话教导他如何才能安详自得。这句话意在告诉人们，在穷困潦倒，不得志之时，要注意洁身自好，加强个人自身修养；在事业有成，志得意满，人生显达之时，则要心怀天下，造福社会。

于是乎，"穷则独善其身，达则兼善天下"（后人将其改为"穷则独善其身，达则兼济天下"）就成为历代中国知识分子立身处世的座右铭，成为一剂强有力的疗心圣药，对人对己，对整个社会都有莫大意义。

【话管理】

管理要旨：中国知识分子的处世哲学

在《南怀瑾谈生活与生存》一书中，南怀瑾向人们讲解《易经》中的两个重点——"时位"与"贵贱"时，提到了孟子的上述名言。无非是告诉人们，如果时运不济，管不了外面的事，至少先把自己管好，随遇而安，乐得自在。而一旦有机会出来做事，人就不只是为了自己，而是要把自己全部贡献出去，服务整个社会。所以，他告诫年轻人不要抱怨，也不要发牢骚，不要怕没有前途，只问你能不能站得起来，懂不懂得把握时间和空间。

这番话的字面意义不难理解，但要想真正地融会贯通却是难上加难，即使圣明如孔子也是在经历了若干年后才明白这番道理，而这番道理是在老子告诉孔子后他又研习了《易经》才真正领悟的。老子晚年当了周朝国家图书馆馆长，正值壮年的孔子慕名而去，虚心求教。孔子自我陈述了一番后，老子指出，你潜心研究的古人都已成过眼云烟。时运到了，君子应乘时而起，做出一番成绩；时运不佳，就低调做事，老实做人。就像富人表现得很平凡，君子也应大智若愚。最后，老子告诫孔子，戒骄戒躁，淡泊名利。

孔子一时没有理解，也难以理解，因为道家的思想和孔子正想建功立业的抱负相冲突，他回去后对弟子形容，老子像龙一样变幻莫测，无人能识其全貌，远远超出他的认知所及。后来，孔圣人周游列国却四处碰壁，壮志难酬。历经坎坷的孔子潜心研读《易经》后恍然大悟，这才彻底明白老子对他说的"君子乘时则驾，不得其时，则蓬累以行"那句话。并告诫弟子颜渊说，任用就出来做事，不得任用就退隐（《论语·述而》："子谓颜渊曰：'用之则行，舍之则藏，唯我与尔有是夫。'"）。这成为之后历代正直的知识分子的处世态度。

35

"安得广厦千万间，大庇天下寒士俱欢颜!"，唐代大诗人杜甫在其穷困潦倒之时发出的是这样的感慨。他在政治上始终不得志，中年后过着坎坷流离的生活。然而，他并未只是独善其身，他自始至终都在忧国忧民，心系天下安危。范仲淹生活在北宋由盛而衰的时期，他目睹朝廷腐败，国力衰退，国家遭受外敌入侵，心急如焚，主张在朝中实施新政。但最后，由于其改革触动了当权者的利益，他不断遭人排挤，昏庸无能的统治者竟给他扣上诸多罪名，最后将其罢免。尽管范仲淹一生中几起几落，但他以天下为己任的志向却没有因为个人利害得失而改变，而是"居庙堂之高，则忧其民；处江湖之远，则忧其君"，更是留下了"先天下之忧而忧，后天下之乐而乐"的千古名句。

管理案例：白居易的达观人生

孔子说："用之则行，舍之则藏。"白居易的一生恰恰演绎了这样的一种精神：在受人垂青之时，当仁不让，造福天下；在失去权势后，韬光养晦，寄情山水，真正做到了宠辱不惊。

白居易自幼家贫，但痴于读书，以致"口舌成疮，手肘成胝"，所以对民间疾苦深有感触。又因为他拥有"独善"和"兼济"的人生抱负，在他成为中唐诗坛领袖级人物后，依然站在平民百姓的立场思考问题，以诗歌表达民意。他在《与元九书》中说道："古人云：'穷则独善其身，达则兼济天下。'仆虽不肖，常师此语。……故仆志在兼济，行在独善，奉而始终之则为道，言而发明之则为诗。谓之讽喻诗，兼济之志也；谓之闲适诗，独善之义也。故览仆诗，知仆之道焉。"

公元800年，年轻有为的白居易便意气风发，以进士第四名的成绩踏入仕途，两年后当上秘书省校书郎，此后一路迁升，仕途通达，公元814年出任左赞善大夫。白居易为官期间目睹了大唐帝国由盛转衰的过程，对吏治腐败、宦官当道、朋党之争等问题深恶痛绝，怀着忧国忧民的"中兴"意识和"济世"思想，他连续写出多篇政论对策，慷慨陈词，针砭时弊，极力探究解决的办法，希望改进时局。在任期间，他敢言直谏，据理力争，旗帜鲜明地反对宦官与朋党，不怕忤逆权贵。公元 815 年 6 月，因为党争激烈，当朝宰相竟然被刺，白居易愤然上书，请求立案侦查追捕刺客，结果被冠以出位、越职言事的罪名赶出京城，贬谪江州，遭遇仕途上的第一次沉重打击。

于是，白居易依山建起草堂，研习读书。此后，他的仕途起起伏伏，最终闲居洛阳，享受独善其身的闲适，至死而已。回顾一生，以 44 岁为界，白居易的前半生为达兼济天下，后半生则是独善其身。其实，即使白居易后来偶尔徜徉在闲适中，也丝毫没有放弃对政治的关心。在杭州期间，他半官半隐，致力于为百姓谋福利，为当地人民修建了西湖白堤，成为佳话。就像他在《江州司马厅记》中发的那通牢骚所言："兼济天下而为官，无一日快乐；独善其身而自为，终生不会苦闷。"

三纲五常
——构建"中华新伦理"

【说成语】

三纲五常

释义　三纲：指君为臣纲，父为子纲，夫为妻纲；五常：指仁、义、礼、智、信。封建礼教提倡的人与人之间的道德规范。

出处　《白虎通·三纲六纪》："三纲者，何谓也？谓君臣、父子、夫妇也。"汉·王充《论衡·问孔》："五常之道，仁、义、智、信也。"

孔子修诗书、定纲常

春秋时期，孔子带领弟子周游列国碰壁后，在冉求的帮助下回到了鲁国，他与季康子是不相为谋。于是专心著述，编辑整理《诗》《书》《礼》《乐》《春秋》，同时又开坛讲学，与弟子们坐而论道，正式总结出三纲五常等社会规范。

【话管理】

管理要旨："三纲五常"封建伦理的历史演变

"三纲""五常"这两个词，源自西汉董仲舒的《春秋繁露》一书。但作为一种道德原则、规范的内容，则渊源于先秦时代的孔子。孔子曾提出了君君臣臣、父父子子和仁、义、礼、智等伦理道德观念。孟子进而提出"父子有亲，君臣有义，夫妇有别，长幼有序，朋友有信"的"五伦"道德规范。董仲舒按照他的大道"贵阳而贱阴"的阳尊阴卑理论，对五伦观念作了进一步的发挥，提出了三纲原理和五常之道。董仲舒认为，在人伦关系中，君臣、父子、夫妻三种关系是最主要的，而这三种关系存在天定的、永恒不变的主从关系：君为主、臣为从；父为主，子为从；夫为主，妻为从。亦即所谓的"君为臣纲，父为子纲，夫为妻纲"这三纲。三纲皆取于阴阳之道。具体地说，君、父、夫体现了天的"阳"面，臣、子、妻体现了天的"阴"面；阳永远处于主宰、尊贵的地位，阴永远处于服从、卑贱的地位。董仲舒以此确立了君权、父权、夫权的统治地位，把封建等级制度、政治秩序神圣化为宇宙的根本法则。

"五常之道"实际上是"三纲"的具体化。董仲舒认为，仁、义、礼、智、信五常之道是处理君臣、父子、夫妻、上下尊卑关系的基本法则，治国者应该给予足够的重视。在他看来，人不同于其他生物的一个重要特点在于，人类具有与生俱来的五常之道。坚持五常之道，就能维持社会的稳定和人际关系的和谐。

汉代班固（32~92年）所撰《白虎通义》是集两汉今文经学大成之作，在复述和发挥董仲舒学说及基本观点的基础上，提出了"三纲""六纪"的伦理金条，"三纲"是"署为数纲，父为子纲，夫为妻纲""六纪"

为"诸父、兄弟、族人、诸舅、师长、朋友",其认为"三纲法天地人,六纪法六合","六纪"是从"三纲"而来,是"三纲"之纪,把封建社会的伦理关系说成合乎天意的、永恒的自然关系。《白虎通义》以"三纲五常"为核心构建了一整套神学目的论和政治伦理思想体系,通过一系列的具体制度充分体现出来,在东汉时期起了实际上的法典作用。

从宋代朱熹开始,"三纲五常"联用。中国传统的启蒙教育读物《三字经》里也明确写道:"三纲者,君臣义,父子亲,夫妇顺。""曰仁义,礼智信,此五常,不容紊。"由此亦可见"三纲五常"作为中国人心中根深蒂固的道德标准对于儒家思想的发扬和封建社会秩序的维护起着不可磨灭的作用。

管理案例:"中华新伦理"的一个构想

北京大学哲学系教授何怀宏认为,应重视从理论上探讨充分利用中国历史文化中深厚的道德资源,同时又充分地考虑现代世界的发展,构建一个能够作为新社会道德根基的伦理体系,即"中华新伦理"。

一个伦理体系可以分为两个方面:原则规范与价值信仰,而且主要是原则规范。顾名思义,"伦理"一定要有"理",要有原则规范的提出和论证。尤其在现代社会,更是集中和优先地考虑针对行为、制度和政策的原则规范。所以,我们应先从原则规范说起,且就用传统的语汇,名为"新纲常"。其中"纲"主要是指原则性,"常"主要是指其恒久性。"纲"也是指更根本的原则,而"常"是指最经常和主要的几种关系和德性。

"中华新伦理"构想中的一方面设想——即构建"新三纲"。"旧三纲"是"君为臣纲、父为子纲、夫为妻纲"。我们可以摒弃其具体对象中的等级服从之意,也不再把家庭亲戚关系与社会政治秩序合为一体,但仍取其原则纲领之意。所以,他尝试提出的"新三纲"是"民为政纲、义为人纲、生为物纲"。"民为政纲",即政治应当以民为本,以民为主。这是政治领域的道德原则。"义为人纲"说的是制度本身的正义。其基本要求就是要平等对待一切人,至少在某些基本的方面平等对待。这是更大范围的社会领域的道德原则。"生为物纲"是最大范围内的、有关自然宇宙万事万物的道德原则，即"生存"或"共存"。

"中华新伦理"构想中的另一方面设想——即构建"新五常"。何怀宏认为，"新五常"可分为两个部分：一个是"五常伦"，即五种经常性的需要人来处理的社会关系；另一个是"五常德"，即人应当具有的五种持久性德性。古人所认为的"五常伦"，是君臣、父子、夫妻、兄弟、朋友这五种重要关系，而今天时移世易，可以分出这样五种关系：一是天人关系，即人与自然界的关系；二是族群关系，即人们作为群体的各种相互关系，在国际之间主要是民族国家之间的关系、在一国之内主要是各个民族族群的关系；三是社会关系（狭义），这里主要是指在一个政治社会之内，人与社会制度、人与国家政府之间的关系；四是人人关系，这里主要指人与具体的他人的关系，尤其是与陌生人之间的关系；五是亲友关系，这里指父子、夫妻、兄弟以及其他亲戚之间的关系，也包括朋友之间的关系。而对"五常伦"的道德要求或者说道德期望，何怀宏认为或可这样概括：天人和、族群宁、社会公、人人义、亲友亲。至于"五常德"，何怀宏主张还是采用古已有之的说法，即"仁、义、礼、智、信"。

中庸之道
——把握管理之度

【说成语】

中庸之道

释义　中：折中。庸：平常。道：主张，学说。儒家的主张，即待人处事应采取不偏不倚、无过与不及的折中持平态度。

出处　《论语·庸也》："中庸之为德也，其至矣乎。"《中庸》第二十七章："故君子尊德行而道问学，致广大而尽精微，极高明而道中庸。"

孔门弟子的中庸之道

透过孔子学生的下述三个故事，中庸之道可见一斑。

第一个是乖乖仔的故事。孔子的学生曾点、曾参是父子。有一天曾参在田地里干活，笨手笨脚地把禾苗锄掉了，曾点勃然大怒，拿起棍子狠揍曾参，曾参恭恭敬敬地站在那里也不躲，结果被打晕过去了。一会儿曾参醒过来，还恭恭敬敬地对父亲说："儿子不孝，惹你生气了"。旁人看到了都夸曾参"仁"——仁者孝为先，父亲把自己打成这个样子还不逃不反抗，多好的一个孩子！可这事传到老师孔子这里，孔子却生气了，不让曾参进门，不认他这个学生。孔子说了：你父亲下狠手打你，有可能把你打死，如果把你打死，你父亲就会犯罪坐牢，即便不把你打死，打伤了他也会伤心，也是一个过错。他打你，你就应该躲避，这才是真正的孝。你以为不躲避就是孝，那反而是在怂恿你父亲犯错。就是最大的不孝。

第二个是大大方方受礼的故事。孔子的学生子路，有一次遇见一个孩子溺水，便急忙投水相救，被救的孩子家长送了一头牛给子路，子路毫不推辞地收了下来。有人说，子路救了人还收礼，似乎不符合"仁"的道理。孔子听到了则很高兴，说子路做得对，从此鲁人必乐于拯救溺水之人了。得救的人有谢金，救人的人有回报，两全其美的事。

第三个是救人不受礼的故事。鲁国的法例规定，如果有人肯出钱去赎回被邻国捉去作臣妾的百姓，政府都依例付给一笔奖金，作为奖励。孔子的学生子贡很富有，赎人却不愿接受奖金。孔子知道了就骂他说："你错了，君子做事可以移风易俗，成为大众的规范，怎么可以只为了自己高兴，为了博得虚荣，就随意去做呢？现在鲁国人少，大都是穷人。你这样无形中创下了恶例，使大家都认为赎人接受赏金是一件丢脸的事，以后还有谁赎得起人，从此以后赎人回国的好风气，将慢慢消失了。"子贡大概很委屈，不过仔细想想就是这个理。

【话管理】

管理要旨：中庸之道，管理之度

中庸之道是儒家思想最重要的组成部分之一，也是管理者行之有效的为人处世准则。中庸之道是从中国传统农业社会的生存背景中诞生的一种哲理思维。农业生产讲人与自然的和谐，人们通过生命感官的直接体验和长期实践，而形成了平衡协调、兼顾整体、全面统筹的思维方式，并衍生了主客体统一式的"合理""和谐""适宜"的中庸价值标准。这和西方主客体分立的对象化的"竞争""超越""更新"等价值标准截然不一。

宋代大儒程颐对什么是中庸解释得非常清楚："'不偏之谓中；不易之谓庸。'中者，天下之正道。庸者，天下之定理。"可见，"中"是一个中间概念，不偏不倚就叫作"中"，"中"即天下中正之道；"庸"是一个时间概念，不改变常道就叫作"庸"，"庸"即天下不变的法则。程颐对中庸之道给予了很高的评价，认为这是孔子传授的心法。孔子曰："君子之中庸也，君子而时中。"意思是说，君子的中庸之道指的是，能够在任何时间都做到"用中"。儒家认为，在采取任何行动之前，都需要认真、全面地权衡并找到最合适的方案，这是静止的中庸之道；随着时间的推移、环境的变化，适时调整以做到"用中"，则是动态的中庸之道，也就是"时中"。

孔子的中庸哲理的实际应用，在于认识和把握事物的"度"。有一次，子贡问自己的老师：子张和子夏这两个人谁更贤惠一些呢？孔子回答道：子张太过了一点，而子夏又显得不足。子贡接着问老师：那么，子张更好一些吗？孔子的回答是："过犹不及"，即过分和不足是一样的。"过犹不及"是儒家奉行中庸之道的具体要求。正如孔子所说："君子惠而不费，劳而不怨，欲而不贪，泰而不骄，威而不猛。"君子需要谨守中庸之道，做任何事情都需要很好地把握分寸，既要让老百姓得到实惠，又不要过分耗费自己的资材；既要让老百姓辛勤地劳作，又不要让他们产生怨恨的情绪；既要有追求，又不要太过贪婪；既要保持庄重，又不要给人以傲慢的感觉；既要保持威严，又不要让别人觉得过于严厉。

中庸之道的实质是，凡事要适度、恰到好处，不走极端。懂得中庸之道，做任何事情都会从容不迫。做管理的人，尤其要懂得中庸之道。因为管理是一项持久性的、综合性的工作，涉及的资源、问题、矛盾、对象繁多，需要管理者有高超的技巧来协调和沟通，这种技巧即源自管理者的智慧，而这种智慧则更多地表现于管理者对于事物"度"的把握。管理者不能走极端，有效的管理就在于恰到好处地处于一个合理的区间之内，不能无限制地扩张，也不能无限制地收缩，这是一个优秀的管理者不断修炼、长期磨合的结果。

管理案例：适度妥协和宽容的"灰度管理"

2010 年 1 月 14 日，华为技术有限公司总裁任正非在 2009 年全球市场工作会议的讲话中提出了"灰度管理"的概念。他提出："一个领导人重要的素质是方向、节奏，他的水平就是合适的灰度。而坚定不移的正确方向来自灰度、妥协与宽容。"

从任正非的这一"灰度管理"中我们联想到了中国传统文化中的"中庸之道"，"中庸之道"是中国儒家文化的经典，也是儒家文化的精华。其精髓是不偏不倚，它的主张是"取中贵和"。这与任正非提出的"'妥协'其实是非常务实、通权达变的丛林智慧，凡是人性丛林里的智者，都懂得恰当时机接受别人妥协"有异曲同工之妙。

在中国历史上有许多成功人士就是通过妥协和宽容成就了自己的千秋功业的。例如，晚清中兴四大名臣之一的胡林翼就是一个"灰度管理"的大师，咸丰六年（1856 年）胡林翼出任湖北巡抚，主要任务是剿灭太平天国运动，但是不巧的是他遇到的顶头上司湖广总督却是满洲权贵官文，绝大多数人对官文的评价是"为官昏庸，不善政事"，其特点是三大："小妾大、门丁大、庖丁大"。这样一个所谓的"纨绔子弟"如何能不成为自己"建功立业"的绊脚石呢？胡林翼就采取一些方法，让林母收官文之妾为义女，又处处让利给官文等妥协之举，史书记载："林翼威望日起，官文自知不及，思假以为重，林翼益推诚相结纳，于是吏治、财政、军事悉听林翼主持，官文画诺而已。不数年，足食足兵，东南大局，隐然以湖北为之枢。"曾国藩说："林翼坚持之力，调和诸将之功，综核之才，皆臣所不逮，而尤服其进德之猛。"胡林翼就是通过妥协与宽容的"灰度管理"与官文一起为平定太平天国做出了历史性的贡献，也成就了自己"中兴名臣"的美名，同时，也成就了官文的业绩，平定太平天国之后，曾国藩上奏褒奖时，官文列名疏首。如果当初思考不周，真的是弹劾了官文，来了一个好管闲事的湖广总督的话，则后果很可能会是截然不同的。

胡林翼的妥协和宽容的"灰度管理"成就了自己，也成就了官文。事实上我们是不太同意后世的史学家们对官文的评价，官文其实也是一位"灰度管理"的智者，他有"知人者智，自知者明"的明智之举，懂得授权，懂得让度，他的甩手掌柜当的也是恰到好处的。

矫枉过正
——矫枉不能过度

【说成语】

矫枉过正

释义 矫：扭转；枉：弯曲。把弯的东西扳正，又歪到了另一边。比喻纠正错误超过了应有的限度。

出处 《后汉书·仲长统传》："逮至清世，则复入矫枉过正之检。"

"为官不易"与"为官不为"

清代纪晓岚在《阅微草堂笔记》中讲了这样一则寓言故事。一个官员在阎王面前自称生时为官清廉，所到之处，只饮一杯清水，可以无愧于鬼神。阎王笑道：设官是为了兴利除弊，如果不贪钱就是好官，那么在公堂中设一木偶，连水都不用喝，岂不更胜于你？官员不服，辩解道：我虽无功，但总无过。阎王怒道：你处处只求保全自己，该办的事不办，该断的案不断，岂不是负国负民，无功就是过啊。为官避事平生耻，职务意味着责任。在其位、谋其政、尽其责，这是对领导干部最基本的要求。

任何常态都有一定的底线，哲学上叫作"度"。做任何事情，都必须把握好一个合理的"度"。儒家向来强调"过犹不及"。一位领导曾指出："遵守规矩不是无所作为，'为官不易'不能'为官不为'"。此语既令人警醒，又发人深省。众所皆知，倘若国家公职人员"乱作为"或"不作为"，都是违反了法定之义务。时下的情况是，制度笼子越织越密，作风的管束越来越严，一些干部的"乱作为"现象得到有效遏制，"为官不易"慢慢成为常态。但不可否认，在有的干部身上，逐渐从遵守规矩异化成了无所作为，"为官不易"演变成了"为官不为"。这是值得警惕和纠正的。

【话管理】

管理要旨：思之有"度"，行之有方

《百喻经》中有则《愚人食盐》的寓言，讲的是有个愚人到别人家里作客，主人请他吃饭。这人觉得主人的菜淡而无味，主人便往菜里加了点盐。加盐之后菜的味道变得鲜美，这人便想："菜味鲜美是由于加了盐，那么盐岂不是更好吃吗？"于是，这人回去后上街买了些盐，放进嘴里就吃，结果可想而知。这个故事告诉我们，许多时候，做事正确还是错误，其实就在"度"的两边。在工作和生活中，我们应常思"度"的哲学，做到不过度、不失度。

做人有厚度。厚度就是宽容豁达。"唯宽可以容人，唯厚可以载物"。做人宽容厚道，实实在在，表里如一，就如冬日的斜阳，夏日的和风，能

容得下鲜花，也能容得下荆棘，人品德行能打动人，会让人信赖、感到踏实。作为朋友，可交；作为同事，可信；作为兄长，可敬；作为领导，可从；作为下属，可用。

做事有尺度。尺度就是原则标准。"君子有所为有所不为"。一个人做事要讲原则标准，有些事可以做，有些事却不能做。做与不做，看符合不符合党纪国法、党性原则，符合不符合道德标准，符合不符合客观规律。该做的事毫不犹豫，尽心尽力，坚定不移，讲求效率；不该做的坚决不做，毫不动摇。

学习有深度。深度就是钻研的水平。"业精于勤荒于嬉，行成于思毁于随"。学习的过程就是探索研究的过程。事物的本质从不了解到了解、到掌握、到灵活运用，都是在多学多思多悟和持之以恒的学习中得来的。"功崇惟志，业广惟勤""学如弓弩，才如箭镞"，唯有崇学业广，才能根深叶茂。

生活有态度。态度就是人生的取舍。"境由心造，福由心生"。有什么样的思想境界，就会有什么样的生活态度。态度决定方向，改变行动，成就未来。生命的态度在于奉献，在于"行大道，民为本，利天下"，"乾道变化，各正性命，保和太合，乃利贞"。

工作有力度。力度就是做功的强弱。"心在哪里，哪里就会有宝藏"。无论做什么工作，都要用心投入。力度主要体现在落实上，"一分布局，九分落实"。有力度，就是要强化落实的态度，严格落实的标准，提高落实的效率，研究落实的方法，以十足的干劲抓好落实，完成好组织交给的各项任务。

管理案例：中国要警惕右，但主要是防止"左"

1992 年春，邓小平在南方谈话中深刻地总结了中国社会主义革命和建设的历史经验，认真回顾了中国社会主义改革开放的历史进程，明确告诫全党："现在，有右的东西影响我们，也有'左'的东西影响我们，但根深蒂固的还是'左'的东西。有的理论家、政治家，拿大帽子吓唬人的，不是右，而是‘左’。‘左’带有革命的色彩，好像越‘左’越革命。‘左’的东西在我们党的历史上可怕呀！一个好的东西，一下子被他搞掉了。右可以葬送社会主义，‘左’也可以葬送社会主义。中国要警惕右，但主要是防止‘左’。"他指出，"把改革开放说成是引进和发展资本主义，认为和平演变的主要危险来自经济领域，这些就是‘左’。我们必须保持清醒的头脑，这样就不会犯大错误，出现问题也容易纠正和改正。"

邓小平之所以特别强调要防止"左"，是因为"左"的错误在党的历史上的危害实在是太大了。在民主革命时期，王明的"左"倾错误几乎葬送了中国共产党和中国革命。而在社会主义时期，"文化大革命"这一最严重的"左"倾错误，又几乎葬送了整个中华民族。所以，在历史上，真正给党和国家带来大破坏的，还不是右，恰恰是"左"。

和而不同
——人类生存的法则

【说成语】

和而不同

释义　和：和睦；同：苟同。和睦地相处，但不随便附和。
出处　《论语·子路》："君子和而不同，小人同而不和。"

"两只狼"的故事

美籍华人周英烈曾在克林顿政府担任退伍军人部副助理部长一职长达八年，现任马里兰州退伍军人部门的负责人。一日，在国际领袖基金会主办的"国际杰出青年亲善大使培训计划"授课时，面对来自北京、上海和中国台北地区的 52 名青年学子，周英烈说，作为一名领导者，你的态度向人们昭示了你的为人。随即，他讲述了源于北美印第安人彻罗基部落"两只狼"的故事：

一天晚上，一名彻罗基长者对他的孙子说，"孩子，每个人的内心都有两只狼在厮杀。一只叫'邪恶'，它是愤怒、妒忌、贪婪、傲慢、愤恨等的化身；另一只叫'美好'，它是平和、乐观、善良、仁慈和忠诚等的化身。"孩子想了一会儿后问，"那么最后哪只狼赢了呢？""就看你喂哪只狼了！"长者答。

人类智慧大抵相通。听着这似曾相识的故事和周英烈对自己在美国打拼的人生自述，我们更感慨于这位年逾七旬的华裔长者将坎坷往事化为笑谈的那一份平和。两只"狼"在内心中打架的时候，人是不会平和的。平和是一种饱经沧桑后，"美好之狼"最终得胜时向人们昭示的态度。

【话管理】

管理要旨：和而不同的时代意义

"以和为贵"是中国文化的根本特征和基本价值取向。"君子和而不同"正是对"和"这一理念的具体阐发。今天，"和而不同"是人类共同生存的基本条件和基本法则。

在孔子的思想体系中，有两个观点极具现实价值：一个是"己所不欲，勿施于人"；另一个就是"君子和而不同"。前者已被《世界人类责任宣言》确定为全球治理的"黄金规则"；后者对于我们构建和谐社会和多元世界具有重要的启示意义。何晏《论语集解》对这句话的解释是："君子心和然其所见各异，故曰不同；小人所嗜好者同，然各争利，故曰不和。"就是说，君子内心所见略同，但其外在表现未必都一样，如都为天下谋，有些人出仕做官，有些人则教书育人，这种"不同"可以致"和"；小人虽然嗜好相同，但因为各争私利，必然互起冲突，这种"同"反而导致了"不和"。

其实，"和"与"同"的概念，最早不是孔子提出来的。《国语》和《左传》中都有史伯与晏子议论"和"与"同"的记载，史伯在《国语·郑语》中说："以他平他谓之和。"这里的"他"有"不同"的意思，在不同中寻找相同相近的事物或道理，也就是寻求"和"的过程。史伯和晏子从哲学和自然规律上来讲"和"与"同"，孔子则将其引申到社会领域，用以阐释做人的道理，视为区别"君子"与"小人"的特征之一，可见孔子对"和"的重视。从哲学意义上讲，"和"是和谐、是统一，"同"是相同、是一致；"和"是抽象的、内在的；"同"是具体的、外在的。"和而不同"，就是追求内在的和谐统一，而不是表象上的相同和一致。

在经济全球化的今天，"和而不同"这一两千多年前的古老观念仍然具有强大的生命活力，仍然可以称为现代社会发展的一项准则和一个目标。"和而不同"，是世界多元文化共同繁荣发展的必由之路；反之，"同而不和"就必然导致纷争乃至战争。所以说，"和而不同"是人类共同生存的基本条件和基本法则。同样，我国致力于构建的社会主义和谐社会，应该是民主法治、公平正义、诚信友爱、充满活力、安定有序、人与自然和谐相处的社会；应该是各尽其能、各得其所而又和谐相处的社会；从某种角度来看，也应该是"和而不同"的社会。

管理案例：海尔全球化品牌战略——从单一文化转变到多元文化

2005 年 12 月，张瑞敏在"海尔创业 21 周年暨海尔全球化品牌战略研讨会"上发表讲话，宣布海尔从 2006 年开始将实施一个新的战略发展方向，即全球化品牌战略。其战略举措之一，就是要从单一文化转变到多元文化，实现持续发展。张瑞敏指出：

海尔能够发展到今天，我们的外部机遇与其他企业相比都是差不多的，很多企业原来比我们好得多，现在都销声匿迹了，我们能够发展到今天，取决于领导的关心支持和员工的努力，另外很大的一方面就是我们的企业文化被大家认同了，我们的企业文化核心就是创新。

但是我们原来的企业文化是植根于中国传统文化当中的，而且面对的是中国的员工，大家有共同语言。中国的传统文化，很多东西都被我们吸收了，如"三纲"，可能就是我们这个文化的基础。三纲第一个就是"明明德"，现在中国很多企业、单位都不存在的一个氛围：就是透明的人际关系，所有人的上升、提拔都靠竞争，所有东西都是公开透明的。其实中国人希望有这么一个环境，而现在很多企业做不好，就是因为有小帮派。但开拓国际市场所有的都是靠竞争，所有都是公开竞争，人们心情很舒畅地工作。第二个是"亲民"，每个人都要有创新。第三个是"止于至善"，目标无止境。我们是以这三条制定海尔不同的发展战略，制定了海尔的精神，也保证了海尔能够在中国这块土地上得到员工的认同。

但是到国际上去又有不同。到国外去，文化的差异很大。比方到欧美，就是一种休闲文化，休闲是不可侵犯的。我们一开始到美国去，李肇星部长给我们很大的支持，亲自到我们在美国南卡州建的工厂开工仪式上给我们打气，到今天为止，我们在美国生产的空调在美国市场上销售很快，短短几年从一亿美元达到五亿美元。但是在发展过程中，文化的冲击越来越大，这种融合非常困难。我们到日本去，日本人对你很恭敬，但是日本人没法接受我们海尔的文化，特别是年纪比较大的，因为日本的"年功序列"工资制度与海尔的"彻底的成果主义"的文化有冲突。当然在东欧、中东，有些文化差异也给我们带来很多新课题。

所以，我们现在制定了新的企业精神和工作作风，其目的就是适应全球化品牌战略的发展。新的企业精神就是："创造资源，美誉全球"。和原来的企业精神最大的不同是，原来强调以中国为据点，向全世界辐射；新的企业精神强调全球化，美誉全球。但是要做到这一点，前提就是要创造优质的资源以换取美誉的资源。德鲁克有句话叫作"创新就是创造一种资源"。两个工厂用的材料一样，但是做出来的产品价格就不一样，也就是很多世界名牌到中国来代工，我们交给他的产品是10美元，但是他可以卖到100美元，那个差价就是他创造的资源。确切地说就是创造一个世界名牌，这个世界名牌要靠创新来创造，而不是一朝一夕能做到的。

天时、地利、人和
——和合管理要旨

【说成语】

天时、地利、人和

释义　天时：自然气候条件；地利：地理的优势；人和：得人心。指作战时的自然气候条件、地理环境和人心的向背。

出处　《孟子·公孙丑下》："天时不如地利，地利不如人和。"《孙膑兵法·月战》："天时、地利、人和，三者不得，虽胜有殃。"《荀子·王霸篇》说："农夫朴力而寡能，则上不失天时，下不失地利，中得人和而百事不废。"

和合二仙

相传"和合二仙"中的"寒山"与"拾得"为唐代贞观年间人士。"寒山"是诗僧，自号"寒山子"。"拾得"是天台山丰干禅师在路上拾的孤儿，故名"拾得"。"寒山"与"拾得"是贫贱之交，情谊胜过同胞兄弟。

后来，他们来到北方的一个村落。"拾得"倾囊所有，让"寒山"娶妻成家。快要成亲时，"寒山"发现未婚妻原是"拾得"的恋人。为成全

"拾得"，"寒山"悄悄来到苏州寒山寺削发为僧。"拾得"知情后，不辞辛苦，找到"寒山"，并摘荷莲一枝相赠。"寒山"见状，急持一盒斋饭出迎。二人乐极起舞，从此形影不离。由于"和""合"与"荷""盒"皆谐音，寓意和谐合好、美满幸福，因此"和合二仙"成为象征夫妻恩爱、家庭和睦、友谊长存的吉祥民神。

后世的许多艺术作品都生动表现了"和合二仙"亲密无间的深厚友谊，揭示了人间"和气生财、和合圆满"的吉祥主题。

【话管理】

管理要旨：和合五大原理

中华和合文化源远流长，和、合二字都见于甲骨文和金文。春秋时期，和、合二字联用并举，构成和合范畴。《国语·郑语》称："商契能和合五教，以保于百姓者也。"《国语·郑语》记述了史伯关于和同的论述："夫和实生物，同则不继。……若以同裨同，尽乃弃矣。"认为阴阳和而万物生，完全相同的东西则无所生。可见，和合中包含了不同事物的差异，矛盾多样性的统一，才能生物，才能发展。和合思想自产生以来，作为对普遍的文化现象本质的概括，始终贯穿在中国文化发展史上各个时代、各家各派之中，而成为中国文化的精髓和被普遍认同的人文精神。

说到和合，古往今来思想家们最为关注的莫过于天、地、人三者的关系问题。三者到底谁最重要也就成了人们议论的话题。如上所述，荀子曾经从农业生产的角度论述过天时、地利、人和的问题。但他并没有区分谁重要谁不重要，而是三者并重，缺一不可。孟子则主要是从军事方面来分析论述天时、地利、人和之间关系的，而且是观点鲜明："天时不如地利，地利不如人和。"三者之中，"人和"是最重要的，起决定作用的因素，"地利"次之，"天时"又次之。这是与他重视人的主观能动性的一贯思想分不开的，同时，也是与他论述天时、地利、人和关系的目的分不开的。正是从强调"人和"的重要性出发，他得出了"得道者多助，失道者寡助"的结论。这就把问题从军事引向了政治，实际上又回到了他那"老生常谈"的"仁政"话题。从管理学角度来看，孟子的"天时地利人和"论的科学性在于突出了管理中人的因素，强调了和谐的人际关系、团结合作的重要性。

近年来，中国人民大学教授张立文先生在长期研究中国哲学史的基础上，致力于创建和合学。他认为，"和合是指自然、社会、人际、心灵、文明中诸多元素、要素相互冲突、融合，与在冲突、融合的动态过程中各元素、要素和合为新结构、新事物、新生命的总和。"他在建构和合哲学体系时提出了五大原理，即和生、和处、和立、和达、和爱。所谓"和生"，解决的是人与自然的关系，强调对待有生命的东西，我们都要尊重他、珍惜他，要"和生"。既然自然、社会、人类、国家、民族都是生命体，那么生命体之间怎样相处？那就是"和而不同"，即"和处"。孔子所说的"己欲立而立人"，就是"和立"，也就是对待每个国家、每个民族或者说自然、社会，我们得尊重它的独立，尊重它自己的发展模式，尊重它的社会制度。"和达"就是你自己发达，也要使别人发达。"和爱"是其他四项原理的基础，没有爱，"和生""和处""和立""和达"等原理将无从谈起。

管理案例："陈不离粟、粟不离陈"

在解放战争中，解放军素有"陈不离粟、粟不离陈"的说法，人们以此描绘和敬佩陈毅、粟裕两位将帅的团结协作精神。的确，在一个单位，一对主管必须彼此尊重，相互支持，只有在工作上有一种谁也离不开谁的意识，彼此才能竭诚协作，配合默契，把工作做好。

陈、粟二人十分尊重对方的优长。他们俩是解放战争初期调到一起工作的，很快，陈毅就用电报向中央表示："华野、三野统一指挥""在军事上多由粟下决心"。毛泽东主席看到电报后回电说："在陈毅领导下，大政方针共同负责，战役指挥交粟裕负责。"粟裕看到毛泽东、陈毅电报后说："现在中央、陈毅同志要我担负这个重责，我决心竭尽全力挑起这副担子，使陈毅同志用更多的力量抓全局。"他们成为搭档后打的第一仗是宿北战役，二人共同筹划，粟裕负责指挥，全歼国民党军整编69师2.1万人。接下来打鲁南战役，陈、粟二人再度共同谋划，运筹帷幄，消灭国民党军5.6万人。

陈、粟二人从来都是彼此欣赏，彼此鼓励。陈毅对粟裕不仅写诗以赞叹，还对媒体发表谈话说："粟裕将军战役指挥高明，一贯保持其常胜纪录，愈出愈奇，愈打愈妙。"还说："粟裕同志可算为理论与实践兼有的人，战役指挥很高明，他常在实践中锻炼，华东军事指挥主要靠他。"而粟裕一直把陈毅看成上级，常对人说，自己长期在陈毅领导下工作，心情是舒畅的。

他们遇到问题时总是相互补台，维护对方的威信。有一次，粟裕调动部队，有位纵队司令员在电话里大声嚷嚷，陈毅在一旁听到后接过电话说，粟司令的意见就是我的意见，我们研究过的，你们不要讲什么价钱了！对方听后，就不再说什么了。

常言道："天时不如地利，地利不如人和"。单位主要领导之间在这一方面显得尤其重要。二人精诚合作，就会形成 1＋1＞2 效应。反之，就可能是零和，甚至是负值。"陈不离粟、粟不离陈"，可以说是解放战争时期"陈粟兵团"屡打胜仗的一个重要原因。

仁者爱人
——爱人者，人恒爱之

【说成语】

仁者爱人

释义 仁，二人也，众人也，社会也。仁者是充满慈爱之心，满怀爱意的人。

出处 《孟子·离娄下》："仁者爱人，有礼者敬人。"

子贡——中华儒商的鼻祖

子贡（公元前520～前456年），姓端木，名赐，子贡是他的字。子贡小孔子31岁，17岁拜孔子为师，深得孔子真谛和儒学精髓，誉为"孔门十哲"之一。子贡出生于商业世家，对经商有先天优势，加上经常跟孔子周游列国，得以开阔视野，这也为其以后打拼奠定良好基础。

吴越大军远征北方，吴王夫差强征丝棉以御寒，使丝棉紧缺价格走高。聪敏的子贡便抓住商机，从各国收购丝棉到吴国贩卖，这一"价格差"让他捞得"第一桶金"。后来为追忆先师懿德，心灵手巧的子贡用木头雕刻出孔子像，前来祭拜的将相诸侯见状都想拥有一个作纪念，子贡又从中看到无限商机，招募工匠大批生产孔子雕像，又大赚了一把。子贡还首开了"跨国公司"之先河。据《史记》记载，他"鬻财于曹、鲁之间"，奔走于各国之间做生意，他发现各国权贵皆以佩戴珠宝为时尚，就大量制造贵重佩饰搞"跨国营销"，赢得盆满钵满。

子贡的儒商美誉来自诚信。他虽做买卖，却不忘儒家学说；他家财万贯，却富而不骄、富而有仁。《吕氏春秋》记述了子贡自己出巨资赎回一批鲁国奴隶的善举，可谓千古流芳。他牢记孔子"己所不欲，勿施于人"的教诲，坚持以诚待人、诚信交易。《论语》多处记载子贡与孔子探讨"信"的问题，他深知"信"乃立足之本，没有"信"一切就荡然无存，更遑论发财乎？是"言必信、行必果"使子贡立于不败之地，达到"亿则屡中""义利双赢"的最高经商境界。由于他名满天下，到邻国经商各国君主都会礼貌地会见他，说明他真是名副其实的商业巨子了。

【话管理】

管理要旨："仁者"儒商

——儒商是有德行与文化素养的商人

儒商，即为"儒"与"商"的结合体，既有儒者的道德和才智，又有商人的财富与成功，是儒者的楷模，商界的精英。一般认为，儒商应有如下特征：注重个人修养；诚信经营；有较高的文化素质；注重合作；具有较强责任感。儒商有超功利的最终目标，有对社会发展的崇高责任感，有救世济民的远大抱负和忧患意识，追求达则兼善天下。古有陶朱、子贡、白圭等一代儒商，后有徽商、晋商、淮商、闽商、郴商等儒商商帮，现今也涌现出"立己立人，达己达人"的荣氏家族、邵逸夫、霍英东等具有新时期儒商精神的现代儒商。

——"三大制度"

在文化思想上，中国有"三大制度"，已经并继续影响全球。第一，秦朝开设郡县制，是现在企业管理制度的鼻祖。自秦朝开始，废除周王朝的分封制，改为郡县制，从而确立了"皇帝——宰相"的管理制度，类似于"董事长——职业经理人"的现代管理制度。这套体制，演变成今天包括欧美跨国公司在内都采用的董事会体制，产权与管理权分开。第二，从汉朝的汉武帝开始，"独尊儒术"。儒家对各个阶层都进行了系统化的规范。不仅规定了普通人怎么做人，更规定了皇帝怎么做皇帝。第三，从隋朝开始，建立了科举制度，为教育体制奠定了基础。以前的选官制度，主要是皇室成员推荐，民间很难进入体制内，没有上升渠道。通过科举选拔，基层的人可以进入"董事会管理团队"，宰相可以由民间人士来做。这就导致自隋朝之后，形成"唯有读书高"的社会氛围，社会出现大量私塾，对中华民族的文化和文明起到极大的提升作用。在这套软文化之下，造就了以士绅阶层为主的中产阶级，既有"不为五斗米折腰"的士子，也有"君子爱财，取之以道"的儒商。这套文化体系，一直在向全世界输出，对世界的影响不亚于技术上的"四大发明"。

——新商业文明与现代儒商精神

自近代以来，我们在各种运动中不断否定自己，学习西方，抛弃自己，脏水、孩子一起泼出去了。几千年的文化精髓逐渐被抛弃，出现了"君子爱财，取之无道"的现象。现代企业家既要带头遵守法制和企业经营游戏规则；同时又要继承"君子爱财，取之以道"的价值观。其核心就是重建儒商，重建新时代的商业文明价值观。

《礼记·大学》里有一段名言："生财有大道：生之者众，食之者寡，为之者疾，用之者舒，则财恒足矣！仁者以财发身，不仁者以身发财。"最后两句话，东汉大儒郑玄注解为："仁人有了财富则务于施与他人，以此来立身立名；不仁之人则将身心投入到敛财中去，以追求财富的积累。"

现代意义上的儒商，首先要秉持诚信，为社会创造价值，就要从大众利益出发，满足人们需求，这是"仁"；要弘扬正能量，不能走歪门邪道，这是"义"；要遵守规则，做良好商业秩序的维护者，这是"礼"；要有创新思维，善于发现市场空白，把握机遇，这是"智"；要有做人做企业的底线，勇于捍卫内心的良知，坚守诚信，这是"信"。其次是勇于承担社会公益、慈善责任。"达则兼济天下"，正是儒商的情怀。聚天下之财，供天下之用，馈天下之乏，就是现代儒商的担当。

管理案例：爱人者，人恒爱之

伟大的人格是超越时空的。周恩来同志离开我们已近40年，但是人们还是常常想起他、说到他，亲切自然，斯人如在眼前。周恩来的人格魅力体现在许多方面，如仁爱、牺牲和宽容，其中尤以第一点为最。周恩来的大爱，有以下三种表现：

一是仁爱待人，即从人性出发的爱。他对所遇之人，只要不是战场上的敌我相见，在大是大非的前提下，都怀有一种人道主义的慈悲，给予真诚的帮助。因此，政治、外交在他那里有了浓浓的人情味。1949年国共胜负大局已定，国民党只是为争取时间才派张治中率团到北平与中共和谈，这当然不会有什么结果，最后连谈判代表都自愿留而不归了。但张治中说，别人可以不回，我做为团长应该回去复命。本来一场政治故事到此已经结束，周恩来也已完成使命，可以坐享胜利者的骄傲。但一场人性的故事才刚刚开始，周恩来说："西安事变时我们已经对不起一位姓张的朋友（指张学良为蒋所扣），现在不能再对不起另一位姓张的朋友。"他亲自到六国饭店看望张治中，劝他认清蒋介石的为人，绝不可天真，并约好第二天到机场去接一个人。翌日，在西苑机场张治中怎么也不敢相信，走下飞机的竟是他的夫人。原来，周恩来早已通过地下党把和谈代表们在国统区的家属安全转移，谈判一有结果就立即接到了北平。

二是善解人意，无论公私尽量多为对方考虑。我国一家乐团出国访问前擅改日程、自定曲目，周恩来批示："我们完全不为对方设想，只一厢情愿地要人家接受我们的要求，这不是大国沙文主义是什么？"他对同志无微不至的关怀，几乎是一种本能。朝鲜战争乔冠华是中方的谈判代表，他只带了一件衬衫去前线，没想到一谈就是两年。1952年，周恩来就派乔冠华的妻子龚澎去参加赴朝慰问团，顺便探亲。日本著名女运动员松崎君代婚后无子，周恩来就安排她到北京来看病，终于得子。周恩来就是这样按照他的爱心、他的逻辑，平平静静地办他认为该办的事。

三是大爱为民，把基于人性的爱扩大到对人民的爱。新中国成立后他常说："我们的一切工作都是为了人民的。""文革"中他的胸前始终佩戴"为人民服务"徽章，以此勉励自己永远把人民的利益放在最高位置。他不顾自己身患重病，顶住重重阻力和压力，操劳内政外交，"鞠躬尽瘁，死而后已"。

仁民爱物
——"民胞物与"的和谐思想

【说成语】

仁民爱物

释义　仁：仁爱，爱护。对人民仁爱，对万物爱惜。旧指官吏仁爱贤能。

出处　《孟子·尽心上》："君子之于物也，爱人而弗仁；于民也，仁之而弗亲，亲亲而仁民，仁民而爱物。"

里胥与母鸡

　　浙江衢州地方官里胥，有一次到乡下贫民家，察视赋税，民家只有一只孵卵母鸡，打算烹宰招待里胥。里胥恍惚看见桑树林间，有黄衣女子，乞求饶命，里胥惊异怜悯，一会儿，见贫民持刀捉母鸡，心中惊疑，急忙阻止贫民不要宰杀，救了母鸡一命。

　　后来，里胥再来时，见母鸡率一群小鸡，向前踊跃欢舞，好像表示感恩的情状。里胥办妥事情回去时，行走百

步，途遇老虎出来，正惊慌恐惧时，忽见母鸡飞来猛扑虎眼，里胥因而逃脱，免遭虎难。

【话管理】

管理要旨："仁民爱物"的生态伦理观

"仁民爱物"是孟子的广义伦理学，也是生态伦理观。孟子的生态观是包括家庭、社会、自然在内的广义生态观，其核心是仁爱。孟子突破了人类界限，将仁由人推行到自然界的万物，确立了人与自然之间的生态伦理，这是对人类如何生存发展的问题所作的最有远见的回答，也是对人类文化的杰出贡献。今天研究孟子思想，应当特别关注他的这些论述。"爱物说"的提出，正是出于人的恻隐之心、不忍之心，基于对自然万物生命的尊重和同情。这是一种非人类中心主义的生态意识和生命关怀，即不仅仅是从人类的利益出发，对自然界万物进行保护；而且是承认自然万物也有生命价值，有生存的权利。孟子的这种思想，对于化解当今世界包括中国在内的一些社会难题和生态难题，具有重要的启发意义。

"仁"的本质是"爱"，这是自孔子以来关于仁的根本思想。仁本来是人的最高德性，既是天赋的，又是内在的，天人之间本来就有内在联系，而不是二元式的外在关系。当仁实现出来的时候，就与外物（包括人与物）发生了关系，变成一种伦理，这就是"德性伦理"。孔子说，仁者"爱人"，首先着眼于人与人的关系；孟子的发展就在于，明确地提出了"爱物"之说，因而提出了生态伦理观。

孟子认为，仁是人的普遍德性。"仁也者，人也。合而言之，道也。"用仁来解释人，说明仁是人的本质规定，也就是人之所以异于动物的本质所在。仁与人合起来便是道，说明人除了仁，还有其他规定，其中便包括动物性。这个"道"，就是天人合一之道，也是《中庸》所谓"率性之谓道"之道，其实现便是普遍的爱。其中包括人与自然界的万物，都在所爱的范围之内。当然，这种爱又是有差别的，爱父母甚于爱其他人，爱人又甚于爱物。但是，虽有差别，却又是同一个仁的不同应用。按照孟子的思想，这不仅是可能的，而且是很自然的。即所谓"君子之于物也，爱之而弗仁；于民也，仁之而弗亲。亲亲而仁民，仁民而爱物。"

在现代企业管理中，管理者贯彻落实"以人为本"核心理念的一个基本要求，就是努力做到"仁民爱物"。企业管理从根本上讲，就是既要以老百姓的生活需求为导向，为消费者提供高质量的产品和服务，又要以尊重、培养、关心、服务员工队伍为主体，充分调动和激发他们的积极性、创造性，实现其全面发展。同时，管理者要以身作则，带领全体员工在生产和生活中自觉保护生态环境、爱护公共财物。

管理案例：始作俑者，其无后乎！

《孟子·梁惠王上》记载："仲尼（孔子）曰：始作俑者，其无后乎！为其像人而用之也。"说的是战国时，有一次孟子和梁惠王谈论治国之道。孟子问梁惠王："用木棍打死人和用刀子杀死人，有什么不同吗？"梁惠王回答说："没有什么不同的。"孟子又问："用刀子杀死人和用政治害死人有什么不同？"梁惠王说："也没有什么不同。"孟子接着说："现在大王的厨房里有的是肥肉，马厩里有的是壮马，可老百姓面有饥色，野外躺着饿死的人。这是当权者在带领着野兽来吃人啊！大王想想，野兽相食，尚且使人厌恶，那么当权者带着野兽来吃人，怎么能当好老百姓的父母官呢？孔子曾经说过，首先开始用俑（古时陪同死人下葬的木偶或土偶）的人，他是断子绝孙、没有后代的吧！您看，用人形的土偶来殉葬尚且不可，又怎么可以让老百姓活活地饿死呢？"

根据孔子"始作俑者，其无后乎"这句话，后人将"始作俑者"引为成语，比喻第一个做某项坏事的人或某种恶劣风气的创始人。孟子以此告诫统治者要仁民爱物，不能暴虐无度。

至大无外，至小无内
——学会运用系统思维

【说成语】

至大无外，至小无内

释义　至：最，极。指天地极大，包罗万象，在天地之外，一无所有。小到极点，内部没有一点空隙。也指最大的没有边际，最小的也没有边际。

出处　《庄子·天下》："至大无外，谓之大一；至小无内，谓之小一。"

见小与见大："看见了什么？"

老师指着图片问学生："看见了什么？"

学生："一个黑点！"

老师："你只答对了极少的一部分……"

学生："啊？"

老师："画中最大的部分是'空白'"。

这说明：只见小，不见大，就会束缚人们的思考能力。

【话管理】

管理要旨：学会运用系统思维

现代系统论认为，宇宙、自然、人类，一切都在一个统一的运转的系统之中。系统论的核心思想是系统的整体观念。系统论的创立者贝塔朗菲强调，任何系统都是一个有机的整体，它不是各个部分的机械组合或简单相加，系统的整体功能是各要素在孤立状态下所没有的性质。他用亚里士多德的"整体大于部分之和"的名言来说明系统的整体性，反对那种认为要素性能好，整体性能一定好，即以局部说明整体的机械论的观点。同时认为，系统中各要素不是孤立地存在，每个要素在系统中都处于一定的位置上，起着特定的作用。各要素之间相互关联，构成了一个不可分割的整体。要素是整体中的要素，如果将要素从系统整体中割离出来，它将失去要素的作用。正像人手在人体中它是劳动的器官一样，一旦将手从人体中砍下来，那时它将不再是劳动的器官了。系统论作为一种普遍的方法论是迄今为止人类所掌握的最高级思维模式。运用系统论的观点和方法思考问题、指导决策，就是系统思维。系统思维是把认识对象作为系统，从系统和要素、要素和要素、系统和环境的相互联系、相互作用中综合地考察认识对象的一种思维方法，能够给我们带来整体观，有助于克服认识的局限性和片面性。

美国管理学家彼得·圣吉在《第五项修炼》一书中指出，创建学习型组织存在七种学习智障。其一是"局部思考"。调查发现，如果你问一个人，你是靠什么维持生计的？大多数人的回答都是天天在做的具体工作，不会扩大范围去说他们企业的目标是什么。多数人认为自己对于组织整体只有很小或者毫无影响能力。他们在自己的工作岗位上埋头苦干，把自己的责任局限于职务范围之内。其二是"归罪于外"。当工作过程和结果出现问题时，往往归咎于外界或他人，甚至相互指责，就是不反思个人有无过错。其三是"缺乏整体思考的积极性"。其四是"专注个别事件"。当一个组织中的每个人只专注于本职工作和短期行为时，就不会对组织中所有职能互动的结果有责任感。这就是专注个别事件的结果。其五是"对缓缓而来的致命威胁习而不察"。"温水煮青蛙"的故事最能说明这一点。其六是"从经验学习的错觉"。最强有力的学习出自最直接的经验，但从经验中学习有其必定的局限。有些事件轻易总结，但有些事件却很难找到对于将来有价值的经验，有些事件的影响是长期的、综合的。现代组织结构的设计是按照职能分工的，更加深了这些学习智障。彼得·圣吉认为，要克服这些学习智障，成功建立学习型组织，必须开展五项修炼，即自我超越、改善心智模式、建立共同愿望、团体学习和系统思考。

用现代系统论来指导组织管理，要求我们首先把自己的组织放在社会大系统中加以定位，确定组织承担的社会责任和使命。同时又要把自己的组织看成是由若干要素组成的有机整体，进而搞好外部公共关系和内部人际关系的协调，通过实现内外物质、信息、能量的有效交换，达成组织或企业社会效益与经济效益的统一。对于每个人而言，也应时时清醒地意识到自己是社会公民的一分子，是某一特定社会组织或企业、团队的成员，进而主动承担起相应的责任和义务。

管理案例：7S 管理模型

20 世纪七八十年代，美国人饱受了经济不景气、失业的苦恼，同时听够了有关日本企业成功经营的艺术等各种说法，也在努力寻找着适合于本国企业发展振兴的法宝。托马斯·J. 彼得斯和小罗伯特·H. 沃特曼，这两位斯坦福大学的管理硕士是长期服务于美国著名的麦肯锡管理顾问公司的学者，访问了美国历史悠久、最优秀的 62 家大公司，又以获利能力和成长的速度为准则，挑出了 43 家杰出的模范公司，其中包括 IBM、德州仪器、惠普、麦当劳、柯达、杜邦等各行业中的翘楚。他们对这些企业进行了深入调查、并与商学院的教授进行讨论，以麦肯锡顾问公司研究中心设计的企业组织七要素（以下简称 7S 模型）为研究框架，总结了这些成功企业的一些共同特点，写出了《追求卓越——美国企业成功的秘诀》一书，使众多的美国企业重新找回了失落的信心。

7S 模型的核心内容就是"系统性思维"。它要求企业在发展过程中必须全面地考虑各方面的情况，包括结构（Structure）、制度（Systems）、风格（Style）、员工（Staff）、技能（Skills）、战略（Strategy）、共同价值观（Shared Values）。也就是说，企业仅具有明确的战略和深思熟虑的行动计划是远远不够的，因为企业还可能会在战略执行过程中失误。因此，战略只是其中的一个要素。

在麦肯锡7S模型中，战略、结构和制度被认为是企业成功的"硬件"，风格、人员、技能和共同价值观被认为是企业成功经营的"软件"。麦肯锡的7S模型提醒世界各国的经理们，软件和硬件同样重要，两位学者指出，各公司长期以来忽略的人性，如非理性、固执、直觉、喜欢非正式的组织等，其实都可以加以管理，这与各公司的成败息息相关，绝不能忽略。

得道多助，失道寡助
——得天下之道

【说成语】

得道多助，失道寡助

释义　道：道义；寡：少。坚持正义，就能得到多方面的支持与帮助；违背正义，必然陷于孤立。

出处　《孟子·公孙丑下》："得道者多助，失道者寡助。"

汤武革命

《易·革·象辞》中有："汤武革命，顺乎天而应乎人"的名言。这里所说的"汤"，就是中国历史上第二个统治王朝的开基者——商汤天乙。他曾经领导商部族和其他诸侯反抗夏王朝最后一个统治者——桀的残暴统治的同盟部族，运用战争的暴力手段，一举推翻垂死腐朽的夏王朝，建立起新的统治秩序。而"武"则是指周武王，他领导商王朝的诸侯国西周推翻了商纣王的残暴统治，建立了新的王朝——西周。这两次王朝更迭合称

65

为"汤武革命"。中国古代把改朝换代说成天命的变革，所以称为"革命"。其所谓"顺乎天而应乎人"，即是指任何进步的革命或改革，都必须既合乎天道，又顺应民意。

【话管理】

管理要旨：得道之根在民心

《孟子·公孙丑下》曰："得道者多助，失道者寡助。寡助之至，亲戚畔之；多助之至，天下顺之。以天下之所顺，攻亲戚之所畔，故君子有不战，战必胜矣。"畔：通"叛"。意思是说，对得道的人，帮助他的人就多；对失道的人，帮助他的人就少。帮助的人少到极点时，就连亲戚都会反对他；帮助的人多到极点时，全天下的人都会顺从他。拿全天下都顺从的力量，来攻打连亲戚都反对的人，要么不战，一战必胜。

孟子在这里说的"得道"和"失道"的人，都不是指普通的个人，而是指一国之君。一国之君既是战争的总指挥，也是政治上的领袖。孟子通过论述战争胜负的问题，引出了"得道多助，失道寡助"的观点。然而在孟子看来，"民心向背"对于战争具有根本性的意义，对于政治也具有同样重要的意义。孟子说："得天下有道：得其民，斯得天下矣；得其民有道：得其心，斯得民矣。"意思是说，得天下必先得民，得民必先得民心。所谓的"得民"，就是得到人民的支持、拥护和帮助。所谓的"得天下"，是指通过施行仁政来"王天下"，而不是单靠武力来争夺天下。仁政，是以德服人，使人心悦诚服，自动来归附；而以力服人，不能服人之心。

那么，如何"得其心"，即如何行仁政呢？孟子提出了"保民"的思想。保民，就是关爱和保护人民，它要求君主做到"所欲与之聚之，所恶勿施"，就是人民所希望的，就替他们聚积起来，人民所厌恶的，不要强加给他们。人民所希望的是什么呢，当然是富裕、幸福的生活。孟子认为，这是行仁政的根本着眼点。做到了这一点，然后民心归服、天下归服，这是任何力量都阻止不了的。

管理案例：多给别人一小撮

1950 年，他出生于印度古吉拉特邦北部的马赫那县沃德讷格尔村，是一个下层种姓家庭的第三个孩子。出身寒酸的他，只得跟着父亲在镇里的火车站卖茶。或许只能这样，肚子才能混个饱而圆。

煮茶、泡茶，看似任何人都会做的事情，他却比哥哥做得"精到"。因此只要他亲手泡的茶，总是比哥哥卖得快些。哥哥泡茶，中规中矩，完全听父亲的吩咐：只要有茶味就行。不光是他家的茶摊，火车站里几乎所有的茶摊奉行的都是这一点。

一天，他的"精到"之处被父亲发现了。原来，他在父亲或哥哥泡好的每杯茶里，自己又亲手加了一小撮茶。就是这一小撮茶，让茶水变浓了，变得有了"茶味"。也正因如此，他家的茶摊赢来了更多的顾客。回到家中，父亲非常高兴，夸他有经商的头脑。他却说："卖茶，卖的是良心。我没有考虑如何去招引顾客，我只是想：顾客给了一杯茶水的钱，就要给他们一杯对得住自己良心的茶。因此，在下手的时候，比你们狠了一点——每杯都多给了一小撮茶。在我的眼里，我不觉得只光是赢来了顾客，更重要的是赢得了人心。"

这个"多给一小撮"的小男孩，还有一个"卖茶小贩"的别称，他就是在 2014 年号称"世界最大的民主选举"的印度人民院选举中胜出，并"毫无悬念"地当选为印度总理的 64 岁的纳伦德拉·莫迪。此次莫迪及印度人民党能够大获全胜，好多人都在猜测，这与莫迪在竞选期间，大打"经济发展偶像"、"卖茶小贩"、"低种姓出身"等悲情牌标签有关。而莫迪却说：从卖茶小贩到印度总理，始终没忘记一点——不管何时何地，都要记得多给别人"一小撮"。

刚柔相济
——"胡萝卜"加"大棒"

【说成语】

刚柔相济

释义 刚：刚强，强硬；柔：柔和；济：救助，弥补。强硬的与温和的相互调剂、补充、促成。多指刚强与柔和的手段互相补充，达到完美结合。

出处 《易·蒙》："刚柔节也。"三国·魏·王粲《为刘荆州与袁尚书》："金木水火刚柔相济，然后克得其和。"

南风与北风

管理学中有一个"南风"法则，也称"温暖"法则，源于法国作家拉·封丹写的一则寓言：北风和南风比威力，看谁能把行人身上的大衣脱掉。北风首先来一个冷风凛冽寒冷刺骨，结果行人把大衣裹得紧紧的。南风则徐徐吹动，顿时风和日丽，行人因为觉得春意上身，始而解开组扣，继而脱掉大衣，南风获得了胜利。

这则寓言形象地说明了一个道理：温暖胜于严寒。运用到管理实践中，南风法则要求管理者要尊重和关心下属，时刻以下属为本，多点"人情味"，使下属真正感受到管理者给予的温暖，从而激发其工作积极性。

如果对"南风"法则加以延伸的话，我们也可以作这样的理解和运用：正像自然界一年四季不是只刮北风或者南风，而是南北风不断互动一样，在组织管理中既不能过度运用严厉的惩罚措施，也不能过度运用温暖的怀柔政策，而应当是恩威并重、刚柔相济，也就是管理学中常讲的"胡萝卜＋大棒"。当然，关键是如何把握好激励与规范之度。

【话管理】

管理要旨：太极管理

中华文化元典《易经》所阐述的太极理论体现的是一种阴阳、黑白、动静、和谐的辩证思想，是以"生命一体"的观点来了解万事万物运行的法则，以及对于奥妙的宇宙万物本源所体悟出极高明、精微而深广的古老智慧结晶。中国人认识和解释世界的方法可以概括为一句话："一阴一阳之为道"。这是中国古代哲学的一个重要范畴。而阴阳、黑白都是对宇宙互相关联或对立事物现象的双方属性的概括。可以说，任何事物都不可能随意或清楚地分清其性质是阴还是阳，因为阴阳是事物本质的两个方面。

近年来，清华大学教授许文胜结合自身企业管理经验，尝试将《易经》理论引入管理领域，提出了"太极管理"理论。在他看来，太极是指事物的本质。而太极管理便是"直击问题本质和要害的管理"。许文胜对它的定义是：太极管理理念是运用《易经》系统的理论，将太极的思想应用于企业管理的实践当中，并产生一套行之有效的操作方法。其作用是将企业所有的经营活动转化成易经的场能作用，并根据不同场能作用调整企业内部结构，达到最佳配置。

《易经》认为，万物有阴必有阳，阴阳可以相互转化。例如，市场也分阴阳：成熟的市场属阳，不成熟的尚在培育中的市场则属阴，它们共同构成了市场完整的太极状态。如果企业的产品在市场上处于弱势，可以采取空间转换的方式，定位于优势企业尚未进入的区域，并深入开发，形成区域优势，进而取得成功。这便是"阴中显阳"，也是很多国外小企业的成功之道。

实际上，自古典管理理论产生以来，管理理论与管理实践始终都是围绕着如何运用激励与惩罚手段的结合，即"胡萝卜加大棒"来展开的。"胡萝卜加大棒"（Carrot and Stick）是一种以"奖励"（胡萝卜）与"惩罚"（"大棒"）同时运用的一种管理策略。它来源于一则古老的故事：要使驴子前进，就在它前面放一个胡萝卜引诱它，或者用一根棒子在后面驱赶它。

将太极理论运用于领导工作中，要求领导者要做到恩威并施、刚柔相济，既要严格管理，又要关怀备至。对此，拿破仑曾经形象地说："我有时像狮子，有时像绵羊。我的全部成功秘密在于：我知道什么时候我应当是前者，什么时候是后者。"柳传志有一次用孔雀和老虎来比喻企业的领导人物：孔雀善于展示自己的美貌，以此来影响别人心甘情愿地跟着它走；老虎依靠自己内在的力量，威风凛凛震慑四方。在柳传志看来，他为联想培养的接班人，郭为是孔雀型，而杨元庆是老虎型，至于他自己，则一半孔雀，一半老虎。这实际上是说，一个真正成功的企业领导人物，必须做到恩威并重、刚柔相济，才能使自己成为一个可以被追随的人。

管理案例：中国文化的精神巨雕——孔子、屈原与司马迁

身为楚国宗室重臣的屈原，年轻时曾担任过楚怀王的左徒，伴随左右，深得器重，参与和执掌楚国许多重要军政外交事务，起草宪令，修正法度，展示了高超非凡的治国理政才干。屈原经历三代君王、事奉楚怀王、顷襄王两代国君，但他们一个比一个昏聩，一个比一个素质差，不断被小人陷害、被君王贬压，最终驱赶到更偏远、更艰苦的江之南。面色憔悴、形容枯槁的屈原披发行吟，顽强地写下一篇篇政治性的辞赋诗作，执着地诉说他的爱国忧民之情、救国济世之策，坚定地表达他的楚国复兴之梦。其实，在"楚才晋用"的时代，屈原有足够的理由选择离开，像春秋时期的孔子一样周游列国，一边寻找明君，开辟自己的政治试验田，另一边传大道，宣扬自己的政治和道德主张，但屈原宁死也不愿意离开楚国一步，直至投江殉志，对国家、君王的忠诚日月可鉴，留下千古悲歌。

与屈原不同的是比他年长210岁的"至圣先师"孔子，当年周游列国不为重用，或者被供而不用，也曾郁闷过，但他看清了现实的无奈，并不过多怨天尤人，只轻轻地一声叹息后，便一头扎进典籍诗书中，梳理上古时期的经典思想，集成和开创了博大精深的儒学思想。孔子的思想如一轮明月，映照人类文明的长河2500多年。他在奠定历史文化高度的同时，成就了自身的精神高度，后世无以企及。苍天有眼，巨擘如风，总是在重重关上一扇门的时候，为你轻轻推开一叶窗。

在屈原愤然投江150年后，司马迁从浩浩汤汤的历史长河，从亘古不息的汨罗江中，打捞起这位中国古代伟大的政治家、思想家、外交家、文学家，他在《史记》中用了1200多字让后世记住了那个不屈的脊梁。那时的司马迁只有20来岁，一样的满腹经纶，一样的家国情怀。公元前99年，司马迁因直言进谏而遭宫刑，他发出了"人固有一死，或重于泰山，或轻于鸿毛"的慷慨悲歌。他把自己看得很轻，因为他要著书立说，留住历史，记录包括屈原在内的悲剧英雄。

孔子、屈原、司马迁，各有志向，都是中国精神的骨骼。屈原的刚强和孔子的刚柔、司马迁的不屈，都是民族的骨骼，都是民族的性格，共同构成中国传统文化的精神巨雕和英雄史诗。

宽猛相济
——政是以和之道

【说成语】

宽猛相济

释义 宽：宽容；猛：严厉，猛烈；济：相辅而行。指政治措施要宽容和严厉互相弥补。

出处 《左传·昭公二十年》："仲尼曰：'善哉！政宽则民慢，慢则纠之以猛。猛则民残，残则施之以宽。宽以济猛；猛以济宽，政是以和。'"

宽猛相济，政是以和

《左传·昭公二十年》记载，春秋时期，郑国的子产生了病，他对太叔说："我死了以后，您肯定会执政。只有有德行的人，才能够用宽和的方法来使民众服从，差一等的人不如用严厉的方法。火的特点是猛烈，百姓一看见就害怕，所以很少有人死在火里；水的特点是柔弱，百姓轻视而玩弄它，有很多人便死在水里，因此，运用宽和的施政方法很难。"子产病了几个月后就去世了。

子大叔执政，不忍心严厉而用宽和方法施政。郑国的盗贼很多，聚集在叫作崔符的湖沼里。子太叔很后悔，说："要是我早听他老人家的话，就不会到这种地步了。"于是，他派步兵去攻打崔符的盗贼，把他们全部杀了，盗贼才有所收敛。

孔子说："好啊！施政宽和，百姓就怠慢，百姓怠慢就用严厉措施来纠正；施政严厉，百姓就会受到伤害，百姓受到伤害就用宽和的方法。宽和用来调节严厉，严厉用来调节宽和，政事因此而和谐。《诗·大雅·民劳》中说：'民众辛苦又勤劳，企盼稍稍得安康；京城之中施仁政，四方诸侯能安抚。'这是施政宽和。'不能放纵欺诈者，管束心存不良者；制止抢夺残暴者，他们从不惧法度。'这是用严厉的方法来纠正。'安抚远方和近邻，用此安定我王室。'这是用和睦来安定国家。又说：'既不急躁也不怠慢，既不刚猛也不柔弱，施政温和又宽厚，百种福禄全聚。'这是宽和达到了顶点。"

等到子产去世，孔子得到消息，流着眼泪说："他是古代传下来的有仁爱的人。"

【话管理】

管理要旨：《最高人民法院关于贯彻宽严相济
刑事政策的若干意见》（2010 年）

宽严相济刑事政策是我国的基本刑事政策，贯穿于刑事立法、刑事司法和刑罚执行的全过程，是惩办与宽大相结合的政策在新时期的继承、发展和完善，是司法机关惩罚犯罪，预防犯罪，保护人民，保障人权，正确实施国家法律的指南。为了在刑事审判工作中切实贯彻执行这一政策，特制定本意见。

贯彻宽严相济刑事政策的总体要求

——贯彻宽严相济刑事政策，要根据犯罪的具体情况，实行区别对待，做到该宽则宽，当严则严，宽严相济，罚当其罪，打击和孤立极少数，教育、感化和挽救大多数，最大限度地减少社会对立面，促进社会和谐稳定，维护国家长治久安。

——要正确把握宽与严的关系，切实做到宽严并用。既要注意克服重刑主义思想影响，防止片面从严，也要避免受轻刑主义思想影响，一味从宽。

——贯彻宽严相济刑事政策，必须坚持严格依法办案，切实贯彻落实罪刑法定原则、罪刑相适应原则和法律面前人人平等原则，依照法律规定准确定罪量刑。从宽和从严都必须依照法律规定进行，做到宽严有据，罚当其罪。

——要根据经济社会的发展和治安形势的变化，尤其要根据犯罪情况的变化，在法律规定的范围内，适时调整从宽和从严的对象、范围和力度。要全面、客观地把握不同时期、不同地区的经济社会状况和社会治安形势，充分考虑人民群众的安全感以及惩治犯罪的实际需要，注重从严打击严重危害国家安全、社会治安和人民群众利益的犯罪。对于犯罪性质尚不严重，情节较轻和社会危害性较小的犯罪，以及被告人认罪、悔罪，从宽处罚更有利于社会的和谐稳定，依法可以从宽处理。

——贯彻宽严相济刑事政策，必须严格依法进行，维护法律的统一和权威，确保良好的法律效果。同时，必须充分考虑案件的处理是否有利于赢得广大人民群众的支持和社会稳定；是否有利于瓦解犯罪，化解矛盾；是否有利于罪犯的教育改造与回归社会；是否有利于减少社会对抗，促进社会和谐，争取更好的社会效果。要注意在裁判文书中充分说明裁判理由，尤其是从宽或从严的理由，促使被告人认罪伏法，注重教育群众，实现案件裁判法律效果和社会效果的有机统一。

管理案例：宽严要适度（吕蒙正）

宋太宗时期，有人上奏说在卞河从事水运工作的官吏中，有人私自将官货运到其他地方去卖，众人都很不满。听到这个消息，宋太宗说："完全根除恐怕太难了。此事不要太认真，只将那些首恶分子惩办了即可。只要不妨碍正常公务，不必过分追究了。总之，这也是为了确保官货的畅行无阻呀！"

宰相吕蒙正非常赞同地说："水若过清则鱼不留，人若过严则人心背。君子都看不惯小人的所作所为，但老过于苛求，恐有乱生。不若忍之，使之自省。这样才能有利于朝政。从前，汉朝的曹参就认为，在善恶的量刑上应该宽严适度。谨慎从事，必然能使恶人无所遁形。因此，圣上所言极是，小事上切不可太苛刻。"

吕蒙正以不与人计较而出名。他刚任宰相时，有一位官员在帘子后面指着他对别人说："这小子也配当宰相吗？"吕蒙正假装没听见，大步走了过去。其他官员为他打抱不平，准备将此人查问出来，吕蒙正知道后，急忙阻止了他们。

散朝后，那些官员还是愤怒不已。吕蒙正却对他们说："如果知道了他的姓名，一辈子都得耿耿于怀，多不好啊！所以千万不要再去查问了。再说，这对我并没有什么损失呀。"人们都佩服他气量大。

这则典故告诉我们，"水至清则无鱼，人至察则无徒"。谦虚待人，大度容人，不仅可以赢得人们的尊敬，还可以化解仇恨和怨气，使我们活得更坦然。

自强不息
——中华民族的基本精神

【说成语】

自强不息

释义 自强：自己努力向上；息：停止。自觉地努力向上，永不松懈。

出处 《周易·乾》"天行健，君子以自强不息。"

清华大学的校训和校徽

1914 年 11 月 5 日，梁启超先生到清华以"君子"为题做演讲，以儒家经典《周易》"乾""坤"二卦的象辞"天行健，君子以自强不息；地势坤，君子以厚德载物"为中心内容激励清华学子奋发图强。此后，学校即以此八字尊为校训，制定校徽。1917 年，修建大礼堂即以巨徽嵌于正额，以壮观瞻，同时期产生的校徽中也已有此八字。清华大学校徽是由三个同心圆构成的圆面，外环上下是英文校名，中环左右并列着"自强不息"与"厚德载物"两个词组，而校徽的原型来自清华兵操营的军旗，其后又经历多次更改。

【话管理】

管理要旨：中华民族的基本精神——"自强不息，厚德载物"

《周易》有两句话：一句是"天行健，君子以自强不息"（乾卦）；另一句是"地势坤,君子以厚德载物"(坤卦)。意谓:天(即自然)的运动刚强劲健,相应于此,君子处世,应像天一样,自我力求进步,刚毅坚卓,奋发图强,永不停息;大地的气势厚实和顺,君子应增厚美德,容载万物。它最集中地体现了《周易》所推崇的忧患意识、乐天知命和生生不息的人生哲学。随着时空的流转,到了近现代,"自强不息,厚德载物"被赋予了更多的现实意义,凝结为中华民族的伟大精神。

就个人而言,"自强不息,厚德载物",要求人们效法天地,在学习、行为各方面不断努力进取。它已不仅仅是一种道德境界,而更是一种理想和信仰。理想和信仰是生命存在的力量与价值体现,有了它们的支撑,人才能不畏艰难困苦而乐观向上,才能长久奉献而无怨无悔,才能最大限度地燃烧自己,追求崇高,使生命闪烁光彩。古代不少思想家,能深刻体会这种精神并自觉加以践履,如孔子自述"发愤忘食,乐而忘忧,不知老之将至"。孔子有一次在河边对学生们说:"逝者如斯夫,不舍昼夜。"就是激励他们效法自然,珍惜时光,努力进取。

就民族而言,"自强不息,厚德载物"已成为我们这个民族保持其凝聚力和团结向上的精神力量。它准确地诠释了"奋斗"与"道德"的完美结合,精辟地概括了中国文化对人与自然、人与社会、人与人的关系的深刻认识与辩证的处理方法,是中华民族精神的集中表述。千百年来,这种精神濡染着一代又一代的华人,为中华民族的崛起与腾飞奋斗不止。就企业管理而言,"自强不息,厚德载物",要求企业要在广泛学习和借鉴的基础上,致力于独立自主,艰苦创业,努力打造自己的核心竞争力,同时要承担必要的社会责任,为发展民生、保障民生不断做出自己的新贡献。

管理案例:定目标,善取舍,不拿长跑当短跑(柳传志的创业体会)

2007年5月,柳传志在上海交通大学"创新与创业大讲堂"报告会上介绍创业体会说:我和我的同事做联想,总体来说是成功的。为什么可以做成这样?我想了半天,有一条体会,就是我在关键的时候,给我的人生定了一个目标。有了这个目标,就决定了我要往哪个方向走,决定了哪些事我必须做，哪些事我坚决不能做。

我1944年出生，1984年下海创业，当时的社会大背景是经济改革越来越深入，政治改革和社会改革还相对滞后，我根据自己的情况，给自己定的目标是我做一个企业家，而且要做一个有一定规模企业的企业家。我想办大这个企业，办长这个企业，让企业的同事、我的朋友，在经济上得到实惠，生活上过得体面。我也希望我们的企业能为股东提供满意的回报，能为社会、为中华民族做出贡献。这个贡献，不仅是交税、提供就业机会，还应该有更高的要求。例如，我现在真心想做的事，是希望联想和众多别的好企业一样，能够办一个守法、诚信，在公共道德观上特别好的企业。这个目标，我也不是1984年一下海就想明白的，而是慢慢丰满的。我一开始办企业的时候，除了为改善生活外，主要还是想试试自己有多大的能力，后来，逐渐越来越好之后，与我的同事一起有想为社会做更大贡献的愿望。1990年之后逐渐把事想明白了，知道自己什么事不能做，什么事要做，急了做不成，要分阶段做。我有三件事始终不会去做：一、不走仕途；二、不能在改革中犯错；三、不与民营企业比个人财富。

现在的一些年轻企业家，做的成绩很好，可是突然间就垮掉了。究其原因，我要提醒大家：成功到一定的阶段之后，别拿长跑当短跑跑。我要跑一万米，体力分配基本上是按一万零五百米来分配，前面慢一些，最后我加快速度冲刺。但是一些年轻企业家，长跑当短跑，太被在竞争中的耀眼光环、短期利益所驱使，一万米当中400米跑得很快，大家的掌声很多，跑完就趴下来了。我为什么讲阶段的革命？你要知道自己有多少的路，大概怎样分，这是首先要注意的事。第二个要注意的事是关于企业管理规律。每打一仗，每做一件事，成了，败了，都习惯把原有的人马找来重新商量。当时是怎么计划的，和实际的情况怎样，下次遇到这样的情况，是否可以照样做，不能这么做，应该怎样做，这是一种学习。很多东西不知道怎么做，但连续做几次，讨论之后，就会变成方法固定下来，这就是总结管理规律，对企业很重要。

一个大的企业，必须有一套自己的打法。联想有管理三要素：建班子、定战略、带队伍，里面的内容都很翔实，下面的子公司都遵循。我在强调三要素的时候，我说明一点很重要，那就是管理。各个企业、各个大学，都有不同的教法和做法。我们不一定要自己总结出一套，你照搬哪套都可以，但一定要适合你们的情况。为什么一定要有一套，这是我自己的体会，企业做大就像千军万马，你登珠穆朗玛峰，从北面、南面上去都是好汉，但不能其中一部分人从北面上，另一部分人从南面上，整个企业漫山遍野不行，因为今后无法总结教训，无法管理，执行力就会变差。联想还特别注意培养人，一边做事，一边带人，事做出来人也带出来了。人有了目标，还要有意志和品质，以及学习的能力。这个学习能力不仅是在书本上学，更多的是在实践中学。

物极必反
——反者道之动

【说成语】

物极必反

释义　极：极端，顶点；反：向相反的方向转变。事物发展到极点，就会向反面转化。

出处　《吕氏春秋·博志》："全则必缺，极则必反。"《鹖冠子·环流》："物极则反，命曰环流。"宋·朱熹《近思录》引宋·程颐曰："如《复卦》言七日来复，其间无不断续，阳已复生，物极必返，其理须如此。"

《红楼梦》之《好了歌》及《好了歌注》

　　《好了歌》及《好了歌注》均为古典小说《红楼梦》第一回中的经典诗词，可谓"物极必反，乐极生悲"谚语集成。说的是甄士隐家业破败后，夫妻俩到乡下田庄里生活。又赶上"水旱不收，鼠盗蜂起"，不得安身，只好变卖了田产，投奔到岳父家。其岳父又是个卑鄙贪财的人，把他仅剩的一点银子也半哄半骗地弄到自己手里。甄士隐"急忿怨痛""贫病交攻"，直正走投无路了。一天，他拄着拐杖走到街上，突然见一个"疯癫落拓、麻屦鹑衣"的跛足道人走过来，叨念出这首歌。甄士隐听后，诵出《好了歌注》。

　　好了歌：

　　世人都晓神仙好，唯有功名忘不了；古今将相在何方？荒冢一堆草没了。

　　世人都晓神仙好，只有金银忘不了；终朝只恨聚无多，及到多时眼闭了。

　　世人都晓神仙好，唯有娇妻忘不了；君生日日说恩情，君死又随人去了。

　　世人都晓神仙好，只有儿孙忘不了；痴心父母古来多，孝顺儿孙谁见了！

　　好了歌注：

　　陋室空堂，当年笏满床；衰草枯杨，曾为歌舞场。

　　蛛丝儿结满雕梁，绿纱今又糊在蓬窗上。说什么脂正浓，粉正香，何是两鬓又成霜？

　　昨日黄土陇头送白骨，今宵红灯帐底卧鸳鸯。

　　金满箱，银满箱，转眼乞丐人皆谤。正叹他人命不长，哪知自己归来丧！

　　训有方，保不定日后作强梁；择膏粱，谁承望竟流落在烟花巷！

　　因嫌纱帽小，至使锁枷扛；昨怜破袄寒，今嫌紫蟒长。

　　乱哄哄，你方唱罢我登场，反认他乡是故乡；甚荒唐，到头来都是为他人作嫁衣裳！

管理要旨："反者道之动"与物极必反

物极必反，否极泰来的思想最早见于《周易》。《易·序卦》就有"泰否""剥复"的论断。其实，整个六十四卦皆处于极反转化之中，并认为应当利用这些必然规律："有大者不可以盈，故受之以谦""物不可以终过，故受之以坎""物不可以终壮，故受之以晋""损而不已必益，故受之以益。益而不已必决，故受之以夫。""困于上者必反下，放受之以井"。自然界日月寒暑往来屈伸也是这样："日往则月来，月往则日来，日月相推而明生焉。寒往则暑来，暑往则寒来，寒暑相推而岁成焉。"孔子早就提出"过犹不及"的高论，认为做事要掌握分寸，做过头了反而不如没做足好，甚至有时候，过了头比没有做够还糟糕，危害更大。孔子的这个说法后来发展成为中庸之道的哲学体系。

老子洞察天道，指出"反者道之动"，认为天道的本性是变动；变动的本质在于相反事物间的相互作用与转化。《老子·三十章》曰："物壮则老，是谓非道。"老子认为福可为祸，正可为奇，善可为妖，事物发展到极限就会向相反方面转化。由道产生运动，到一定极限，又复归于道，如此周行不息。《吕氏春秋·博志》曰："全则必缺，极则必反，盈则必亏。"简直把物极必反的命题说彻底了。《淮南子·道应训》曰："夫物盛而衰，乐极则悲，日中而移，月盈而亏。"其中"乐极则悲"一句后来发展成"乐极生悲"，与"物极必反"结合，就成了"物极必反，乐极生悲"的民谚。《战国策·秦策三》曰："物盛则衰，天之常数也。"《史记·田叔列传》曰："夫月满则亏，物盛则衰，天地之常也。"认为物极必反是一个普遍适用的自然规律。至北宋，程颐明确使用了"物极必返"一词，把先秦以来"物极必反"的思想，发展成为理学上的一个重要命题。

物极必反，物壮则老，物盛而衰，都在告诉我们同一个道理：事物发展到最兴盛的时候，往往也就是事物走向衰微的开始。《三国演义》开宗明义就指出封建社会改朝换代的发展规律：天下大势，合久必分，分久必合。中国历史上的汉、唐、清等封建王朝都是在经过最初的励精图治达到所谓"盛世"之后，很快走向衰微。究其根本原因有二：一是自毁天下。当面临内忧外患时，尚可励精图治；但一旦在经济好转、社会相对稳定时，就开始"歌舞升平"，放弃了"思想改造"，失去了目标和方向。二是忘却了"物极必反，物壮则老，物盛而衰"的真谛，自以为威震天下的天朝皇国可永远"万岁、万岁、万万岁"。

物极必反昭示着事物的发展会"穷极而变"。这对我们有极深的人生启迪意义：逆境中，要有信心；顺境中，则要居安思危。

管理案例：面对现实，从头做起

海尔 CEO 张瑞敏 1993 年 6 月在观看了电视连续剧《唐明皇》后，结合唐代由盛转衰的历史专门撰文谈了自己受到的启示：一是永远的忧患意识。"前事不忘，后事之师"。企业竞争没有终点，没有胜负……没有时间再陶醉在外面曾获得的若干个"第一"和"唯一"中，把昨日的辉煌留给历史。面对现实，从头做起，创造崭新的每一天，永远地去"再赢一次"。二是永远的活力。企业强大难，保持长盛不衰更难。重要的不是个别人，一部分人，而是全体人员即每一个细胞都充满了活力才行。因为，每个人都具有不可估量的能量。正是基于此，海尔集团采取了更多地向下授权分权的做法，其目的就是要求每一个管理层在握有权力之后，都能够给下属搭一个大舞台，促使每一个单位，每一个实体乃至每一个人都成为一个责、权、利的中心，"人人是经理，人人是老板"，在这种氛围中能够把人的潜能释放出来。如果每个人每天都能革除旧的弊端，再造新的自我，给企业以新的定义，那么我们的事业肯定会无往而不胜。

八仙过海，各显神通
——人才需要优化组合

【说成语】

八仙过海，各显神通

释义 八仙：神话传说中的汉钟离、张果老、铁拐李、韩湘子、曹国舅、吕洞宾、蓝采和、何仙姑八位神仙；神通：古代印度宗教中的说法，认为修炼有成就的人具备各种神奇莫测的本领。传说中八仙各有道术，法力无边，过海时不用舟船。比喻各自施展不同的本领，显示自己的才华。

出处 明·吴承恩《西游记》第八十一回："正是八仙同过海，独自显神通。"清·李绿园《歧路灯》第六十八回："这弟兄们是八仙过海，各显神通。"

八仙过海

相传，有一次，八仙在蓬莱阁上聚会饮酒，酒至酣时，铁拐李提议乘兴到海上一游。众仙齐声附和，并言定各凭道法渡海，不得乘舟。

汉钟离率先把大芭蕉扇往海里一扔，袒胸露腹仰躺在扇子上，向远处漂去。何仙姑将荷花往水中一抛，顿时红光万道，仙姑伫立荷花之上，随波漂游。随后，吕洞宾、张果老、曹国舅、铁拐李、韩湘子、蓝采和也纷纷将各自宝物抛入水中，借助宝物大显神通，游向东海。

八仙的举动惊动了龙宫，东海龙王率虾兵蟹将出海观望，言语间与八仙发生冲突，引起争斗。东海龙王乘八仙不备，将蓝采和擒入龙宫。八仙大怒，各展神通，上前厮杀，腰斩两个龙子。虾兵蟹将抵挡不住，纷纷败下海去，隐伏水底。八仙则在海上往来叫战。东海龙王请来南海、北海、西海龙王，合力翻动五湖四海水，掀起狂涛巨浪，杀奔众仙而来。危急时刻，曹国舅的玉板大显神通，只见他怀抱玉板头前开路，狂涛巨浪向两边退避。众仙紧随在后，安然无恙。四海龙王见状，急忙调动四海兵将，准备决一死战。正在这时，恰好南海观世音菩萨经过，喝住双方，并出面调停，直至东海龙王释放蓝采和，双方罢战。八位仙人拜别观世音菩萨，各持宝物，兴波逐浪遨游而去。

【话管理】

管理要旨：人才优化组合是团队制胜之本

德鲁克认为，管理者的任务，是"在于运用每一个人的才干，以一当十，以十当百，发生相乘的效果"。这实际上讲的是人才管理与运用中的优化组合问题。在《三国演义》中，东吴的孙策临死前给弟弟孙权遗言："倘内事不决，可问张昭；外事不决，可问周瑜。"这里，正是反映了在识人基础上的用人之长。我国民间从《三国演义》中衍生出这样一条谚语："三个臭皮匠，凑成一个诸葛亮。"它言简意赅地反映了人才整体匹配的重要性。

《三国演义》里的诸多战例和现代管理理论与实践，都告诉我们：合理的人才匹配可以使人才个体在总体协调下释放出最大的能量，从而产生良好的组织效应。一个组织的效能，固然决定于人才因子的素质，更有赖于人才整体结构的合理。结构的残缺会影响组织的运转，能力的多余或互不协调会增加内耗。刘备在得到诸葛亮之前，虽然武有关羽、张飞、赵云等一流人物，但不成气候，其原因司马懿说得好："关，张，赵，皆万人敌，惜无善用之人"，就是缺少个决策，谋划高手。汉高祖刘邦之所以得了天下，是因为在他的领导集团中，既有善于决策谋划的张良，又有善于安邦治国的萧何，还有善于带兵打仗的韩信。正如唐朝诗人刘禹锡写下的："桃红李白皆夸好，须得垂杨相发挥"，人才正是在交相辉映中闪现出更加夺目的光彩。

俗话说，火车跑得快，全靠车头带。改革开放 30 年的伟大实践证明，不管哪行哪业哪个单位，一流的工作业绩，要靠一流的队伍去创造；而一流的队伍，则要靠一流的领导班子去带领。建设好领导班子，关键是要选好"班长"。同时，要重视领导班子的优化组合。要根据各类领导班子的不同情况，合理调整和改善结构。要注意年龄结构、知识和专业结构，还要注意各个成员的特长，使领导班子成为整体素质优良、成员优势互补的坚强集体。关于领导班子和队伍的年龄结构、知识和专业结构的优化配置问题，我们一贯倡导和坚持老、中、青"三结合"的原则。英国哲学家培根早就指出："最好的办法是把青年人的特点与老年人的特点在事业上结合在一起。从现在的角度来说，青年可以从老年人身上学到他们所不具有的优点，而从社会影响角度来说，有经验的老年人执事令人放心，而青年人的干劲则鼓舞人心，如果说，老年人的经验是可贵的，那么青年人的纯真是崇高的。"

杰克·韦尔奇说："我全部的工作是人……优秀领导者应当像教练一样，'培育'自己的员工，给他们提供机会去实现他们的梦想。"一支球队要在比赛中获胜，除了每个队员的个体能力要强外，关键还在于教练根据队员技能结构而精心策划的排兵布阵和战术的合理运用。海尔 CEO 张瑞敏的看法是："人才是企业竞争的根本优势。人可以认识物、创造物，只要为他创造了条件，他就能适应变化，保持进步，成为取之不尽、用之不竭的资源。有了人才，资本才得以向企业集中，企业在竞争中才能取得优胜。"他分析指出："企业的人才优势分为个体优势和群体优势。个体优势强调个人的才能，它是人才优势的基础。与个体优势不同，群体优势是指企业人才的基本结构及其整体协同能力。一个企业的人才要形成群体作战能力，必须在能力上具有互补性，在精神上具有协作性。在群体优势中，企业高层决策群体的能力互补与协作精神有着举足轻重的作用。"

管理案例：马云论中国最好的团队

马云认为，一个公司最值钱的东西是共同的目标、价值观，是这些东西支撑着整个企业。我们的员工可以业绩不好，但不可以价值观不好。我们是平凡的人在一起做不平凡的事，如果你认为你是杰出的，你是精英，请你走开。

马云认为，国内最好的团队是唐僧的团队，刘备的团队是可遇不可求的团队，唐僧的使命感很好，"我"的目标就是西天取经，是一个个性很强的人，唐僧这样的领导不一定要会说话，慈悲为怀，这样的领导很多企业都有。孙悟空呢？能力很强，品德很好，但是缺点也很明显，企业对这样的人是又爱又恨，这样的人才每个企业都有，而且有很多。猪八戒呢？好吃懒做，一个企业没有猪八戒是不正常的。沙僧呢？懦懦无能，挑担牵马，八小时工作制，这样的人企业更多。就是因为这个平凡的团队经过九九八十一难，才取到真经。

马云声言："今天的阿里巴巴，我们不希望用精英团队。如果只是精英们在一起肯定做不好事情。我们都是平凡的人，平凡的人在一起做一些不平凡的事，这就是团队精神，我们每个人都欣赏团队，这样才行。"

不过要管理这个团队，对领导的要求是很高的。一个领导者要有三样：眼光、胸怀、实力，一个企业家的眼光不好，永远成不了好的企业家。

独木不林
——加强管理团队建设

【说成语】

独木不林

释义　一棵树成不了一片树林。比喻个人力量有限，办不成大事。

出处　汉·崔骃《达旨》："高树靡阴，独木不林。"

85

小岗村：推动中国农业改革"独木成林"

小岗村被上上下下公认为"中国改革第一村"。可以说，中国没有一座村庄，会像小岗这样导致乌托邦式人民公社的彻底解体，并从根本上孕育了社会主义市场经济，动员起十三亿中国人改变了自己的命运！

1978 年冬，小岗村18 位农民以"托孤"的方式，冒险在土地承包责任书捺下鲜红手印，实施了"大包干"。这一"捺"竟成了中国农村改革的第一份宣言，它改变了中国农村发展史，掀开了中国改革开放的序幕。此时，中国土地上盛行的仍然是"大锅饭"体制。所以对小岗村的冒险行为，有人闻风丧胆，有人谈虎色变，有人口诛笔伐，就如悬崖边上一株孤零零的"独木"。但正是这棵石破天惊的"独木"，引发了一场"联产承包责任制"的农村革命，后来机关、企业也纷纷效行。这种生命力已大大超越了原始的概念，更多地体现着生命价值的存在。人民的需要、社会的需要、时代的需要，是一切力量都无法比拟的。

【话管理】

管理要旨：个体与集体——森林效应

森林效应（Forest Effects）：一棵树如果孤零零地生长于荒郊，即便成活也多半是枯矮畸形；如果生长于森林丛中，则枝枝争抢水露，棵棵竞取阳光，以致参天耸立郁郁葱葱。管理专家们将此现象称为森林效应。

森林效应说明了：个人的成长是在集体中通过与人交往、与人竞争而成长的，集体的要求、活动、舆论、评价和成员素质等都对个人成长具有举足轻重的作用。良好的集体往往造就心智健康的人，不良的集体往往造就心智不健康的人。

在中国传统文化和管理实践中，我们一贯强调"独木不成林"，倡导"众木成林"，提倡依靠集体的力量成就一番大事业。但在自然界的某些特殊环境和历史改革的关键时期，某些关键事物、关键人物的突出作用则又呈现出了其"独木成林"的重要作用。

一方面，在现代管理实践中，我们可以以"众木成林"为指导来加强管理团队建设。据史料记载，在齐桓公准备拜管仲为相时，被管仲拒绝了。管仲认为，一个人自身的能力再强，也终究有限。要想成就霸业，必须有一个良好的团队作基础。为此，他对齐桓公说："臣闻大厦之成，非一木之材；大海之润，非一流之归也。君必欲成其大志，则用五杰。"管仲用这一席话打动了齐桓公。此后，隔朋、宁越、成父、宾须无、东郭牙五人分别因管仲的举荐担任了相应的职务。于是，管仲的核心团队在他还没有正式开展工作时就已经搭建完成。这无疑对现代组织管理者特别是经理人如何建设团队、带好团队具有重要的启发意义：在引进新的团队成员方面应如何把握时机？在说服上级领导时应采用什么方法？

　　另一方面，在现代管理实践中，我们可以用"独木成林"来比喻敢于坚持真理和勇于改革创新。欧洲文艺复兴时期，波兰天文学家哥白尼根据30多年对天象的观察和反复运算，发现地球不但自转，而且是围绕太阳运行的行星之一。他写成《天体运动论》，提出"太阳中心说"，但由于与教会所维护的"地球中心说"分庭抗礼，势不两立，屡遭残酷迫害，直到临死前作品才得问世。其推崇者，意大利思想家和科学家布鲁诺还因此被教会监禁7年，最后被判处火刑。这是世界历史上典型的"独木"，后来经过开普勒、伽利略，经过漫漫的风霜雨雪，终于成为一片荫覆全人类的"森林"。这种生命力就如布鲁诺临刑前高呼的"火，不能征服我，未来的世界会了解我，会了解我的价值"一样，来自信仰，来自追求，来自科学，来自真理，来自人民大众滋养生命的土壤。上述小岗村推动中国农业改革的壮举，也充分说明了这一点。

　　有了充沛顽强的生命力，"独木"比"森林"更壮美，更伟大。众木成林，时时都容易；独木成林，处处都艰难。人类如果没有勇敢的"独木"精神，世界的未来就意味着走向沙漠。

管理案例：打造"梦幻组合"（万科的职业经理人团队建设）

　　王石认为，所谓团队，是指由两个或两个以上的人，基于共同目标而组成的集体。万科的职业经理队伍，即是一支团队，其目标是万科在市场竞争中的不断发展壮大。

团队概念尤其强调团队成员间的相互关系：一个团队不单只是集合一群人而构成，若彼此没有共同目标、相互认同与互动行为，那么即便形式上聚集在一起，如街道上的行人、列车上的乘客，亦与团队概念相去甚远。合作精神是团队成员间相互关系的精髓。我们知道，一个团队是由不同类型和性格的人组成的，犹如一支篮球队，有的运动员善于进攻，有的长于防守，有的喜欢远投，有的则擅长抢篮板球。如何做到人尽其才，是发挥团队作用的基本前提；另外，金无足赤，人无完人，团队中的每个成员都可能存在着这样或那样的弱点、缺点，即以曾经叱咤体坛的芝加哥公牛队来说，"大虫"罗德曼冲动、好表现，头发染得花里胡哨（就凭这一点，就无法在中国队立足）；库克奇的技术发挥时好时坏；就连公众形象完美得近乎神话的乔丹也有对队友要求苛刻的毛病——但这些并不影响公牛队的成功。

一个优秀的团队，必定是强调发挥每个成员的优势，而不是相反。如何用其所长、补其所短，是团队能否迈向成功的关键所在。企业也是一样。企业由不同的人组成，他们的性格和能力千差万别；另外，团队成员在企业中各有职责，如领袖、管理者、专业技术人员等，其工作角色对其能力和特长要求也各有侧重。企业决策者要善于把握宏观大势，高瞻远瞩，根据复杂多变的市场形势作出适时的判断与决策；而对于业务负责人而言，就更侧重于其开拓性和实际操作的能力，即将决策转化为实实在在的利润；至于管理者，可能更多地要求他作风严谨、工作细致，能够不断地进行管理优化和管理创新。

因而，如何从人力资源和管理效率的角度，来对万科的职业经理的素质和才能进行合理配置，从而实现更优化的组合，使团队发挥出整体大于部分之和的威力，就成为万科在实现业务架构调整、管理架构调整之后必须解决的课题。从这个意义上讲，组合也是生产力。团队成员的优化组合、合理分工、有效协作，可以从根本上促进团队的力量。

千军易得，一将难求
——关键是领军人物

【说成语】

千军易得，一将难求

释义 军：士兵。将：将军、将才。征集成千的兵士倒容易，寻求一个好将领却很困难。指将才的难得，也泛指人才难得。

出处 元·马致远《汉宫秋》第二折："陡恁的千军易得，一将难求。"

《三国演义》中的难求之将

古典名著《三国演义》中描写了数不清的将领，其中就不乏难求之将。

典韦就是那难求的一将，他初到曹营演武时，忽然狂风大做，把曹营中的大旗吹得几乎倒下，五十名小将按它不住。典韦上前，喝退众兵士，只一手扶住旗杆，只见那大旗在狂风中呼啦啦左右飘摆，但旗杆却岿然不动。曹操大喜，当时就爱上了这员大将。果然，典韦后来屡立奇功，对曹操忠心不二，成为曹操的心腹爱将。并数次于危难之中救了曹操的性命，最后一次为救曹操，献出了生命。使曹操痛心不已，念念不忘，多次设灵祭奠。

关羽（关云长）也是那难求的一将，十七路诸侯讨董卓时，军中上百员大将无一人能战得过华雄。当时，关羽只是刘备手下一个小小的马弓手，

却要主动请缨出战，曹操为其斟得温酒一杯，关羽说战完再喝不迟。飞身上马绝尘而去，只片刻工夫，只见鸾铃响处关羽归来，已将华雄的人头掷于帐前，那杯酒还是热的。后来关羽辅佐刘备屡立战功，成为有名的上将。曹操想尽办法想把关羽收于帐下，可关羽意气千秋，不为所动，对刘备始终忠心耿耿。还有那常胜将军赵子龙，长坂坡上在曹军的重重围困下，杀了个七进七出，连斩曹营大将五十六员，保卫甘糜二位夫人和小

阿斗突出重围……

　　吕布不是那难求的一将。吕布是三国人物中武艺最高强的一位，人言"人中吕布，马中赤兔"。他无人能敌，本来应该自成一派揭竿而起，至少应该成为一代名将，可他胸无大志、儿女情长英雄气短、见利忘义背信弃义。也就是说，没有人格，没有品德，使人缺乏信任，就连素以爱才出名的曹操都不肯收留他，只落得个悲剧的结果，也落下了千古的骂名。

【话管理】

管理要旨："将宜五德备之"

　　"千军易得，一将难求"，这是自古以来三军统帅对渴望得到良将，得到将才的内心呼唤，也是军事集团在长期斗争中总结的一条最为经典的经

验。随着历史的发展，社会团体，企业集团，执政党、在野党，以致社会的各个团体也都发出了这样的声音。这说明，对于一个团队来说，各级"良将"对团队建设，战略目标的完成发挥着极为关键性的作用。这种将才作用的发挥可以用另一个成语"马首是瞻"来加以表述。

《孙子兵法·计篇》中讲："将者，智、信、仁、勇、严也。"梅尧臣注曰："智能发谋，信能赏罚，仁能附众，勇能果断，严能立威"。意思是说，有智力能够形成谋略，讲信用能够做到赏罚分明，行仁义能够使众人归附，勇敢能确保遇事果断，纪律严明能确立自己的威信。王皙注曰："智者，先见而不惑，能谋虑、通权变。信者，号令一也。仁者，惠附恻隐，得人心也。勇者，徇义不惧，能果毅也。严者，以威严肃众心也。五者相须，缺一不可。故曹公曰，将宜五德备之。""五德"皆具，是谓德才兼备，用之为将，必为贤将，贤将可寄之以国，可托之以孤。由此可见，难求的一将不但要有过人的本领，还应该具有高尚的品德，所谓德才兼备。

一个国家、一个政府、一个企业、一个单位的领导如果是那德才兼备的难求之将，那么，他的属下和团队一定具有勃勃生机、浩然正气。"一头狮子带领一群羊，可以打败一只羊带领的一群狮子。"拿破仑的这句名言意在说明领军人物的重要性。一个团队的强弱完全取决于团队干部骨干，正所谓兵熊熊一个，将熊熊一窝。但一个团队想要强大起来只有一头狮子是不够的，只有所有干部骨干都成为狮子，然后带动起其他员工也成为狮子，这个团队才会真正强大起来。1999 年，柳传志在联想誓师大会的讲话中指出，1000 这个数，前面的 1 是权数，它后面带一个 0 就是 10，带两个 0 就是 100，带三个 0 就是 1000。领军人物就是这个 1，这个 1 十分关键，如果他也是 0，那么整个数就是 0，什么也做不了。所以说，前面这个 1 很重要，对做人来说，就是为人要正。对于领军人物，柳传志不仅仅强调才，更强调德，他所说的为人要正就是属于德的范畴。千军易得，一将难求，领军人物就是能带领队伍不断走向胜利的将，也是决定队伍战斗力的关键因子。

管理案例：董事长应该做什么

1999年王石辞去万科集团总经理职务后就不再处理日常事务，但作为董事长，需要主持的董事会和股东大会是一定出席的。此后，王石长年在外登山、游学、考察，过着闲云野鹤般的生活。在哈佛游学期间甚至通过视频召开董事会。

在王石看来，作为董事长不必亲历亲为打理公司，应该做什么事呢？他认为，万科董事长需要做三件事：第一，战略；第二，用人；第三，担当。

第一，战略。万科选择房地产行业，走专业化道路。专业化的决策相对简单一些，如果是多元化，决策涉及的面就会更广泛、更复杂，决策成本也大。王石曾经说：如果中国城市化终结的一天，城市不再需要住房，他希望最后一个住宅社区是由万科人建造并提供服务的。这个表述其实就是万科的战略决策，决策之后就要坚定地走下去，不能犹豫。

第二，用人。俗话说"用人不疑，疑人不用"。王石的观点：从管理学的角度，每个人都是可疑的，包括他自己。一定要清楚，我们都是凡人。每个人都有正义邪恶、善良丑陋、向善向恶、宽容嫉妒两个层面。用人要怀疑，但是是制度性地怀疑。像企业的管理制度、人事制度、财务制度、合同审查、离职审计等，不就是要限制管理者和员工不犯错误，或者及时发现、纠正错误吗？

不可否认，人和人是不一样的，凡人中间有能人。但王石的原则是：少用能人。所谓能人，能人所不能，这种人作为发明家是好样的，作为创业家也会是好样的，但作为企业的管理者却不合适，因为能人喜欢打破常规，不喜欢遵守规章制度。往往能人在企业发挥作用时，对企业的伤害也是很大的。还需要做到的是：机会均等原则，亲属回避制度，人与人之间关系简单化。最后把握的一点：员工是企业的最大财富，关心、爱护他们，持续培训必不可少。

第三，担当。企业做好了，成绩、荣誉和光环自然会往创始人、董事长头上套，但企业出了差错，谁来承担责任呢？当然也是董事长。但许多领导人不这么想，把责任推给部下，"你怎么搞的，辜负了我的信任，把事情搞成这个样子！"当企业出了问题，"一把手"不可能没有责任。首先，可能是决策失误，这一定是领导者的责任；其次，决策是对的，但人用错了，那就是失察，仍是领导人的责任。当然，错误犯多了，就不能仅仅是检讨了事，要考虑引咎辞职了。

来龙去脉
——风水与居住环境

【说成语】

来龙去脉

释义 本指山脉的走势和去向。现比喻一件事的前因后果。

出处 明·吾邱瑞《运甓记·牛眠指穴》："此间前冈有块好地，来龙去脉，靠岭朝山，处处合格。"

理想的园林式住宅

明人陈继儒在《小窗幽记·卷六·景》中是这样描述一处理想的园林式住宅的：

门内有径，径欲曲；径转有屏，屏欲小；屏进有阶，阶欲平；阶畔有花，花欲鲜；花外有墙，墙欲低；墙内有松，松欲古；松底有石，石欲怪；石面有亭，亭欲朴；亭后有竹，竹欲疏；竹尽有室，室欲幽；室旁有路，路欲分；路合有桥，桥欲危；桥旁有树，树欲高；树荫有草，草欲青；草上有渠，渠欲细；渠引有泉，泉欲瀑；泉去有山，山欲深；山下有屋，屋欲方；屋角有圃，圃欲宽；圃中有鹤，鹤欲舞；鹤报有客，客不俗；客至有酒，酒欲不却；酒行有醉，醉欲不归。

文中是一座艺术的园林，里面景色目不暇接，让人留恋赞美。最后登堂入室，终于见到了园林好客的主人，宾主尽欢，大醉犹不思归。这样的一座园林，几乎凝聚了中国文化的所有细节，怎不令人流连忘返。

【话管理】

管理要旨：风水与居住环境

大凡去过皇家宫殿、陵墓等景点时，导游一定会津津乐道于此处如何蕴藏着龙气，山形地势是怎样的风水宝地。"来龙去脉"便是由地理环境的风水而来。"来龙去脉"典出宋代赵与时《宾退录·卷二》："朱文公（朱熹）尝与客谈世俗风水之说：'冀州好一风水，云中诸龙来也。'"明人吾邱瑞《运甓记·牛眠指穴》云："此间前冈有块好地，来龙去脉，靠岭朝山，处处合格。"这个成语原是风水先生的说法，认为山势如龙，从头到尾都有血脉连贯。堪舆（即风水）家称山脉的起伏为"龙"，称主峰为"来龙"，观察山脉的走向、起伏，寻找聚气之势；称山谷中溪流为"脉"，称主流为"去脉"，追寻水的源头和流向。来龙去脉，是指从头到尾像脉管一样连贯着的地势。

清人刘熙载《艺概》有诗曰："律诗中二联必分宽紧远近，人皆知之，惟不省其来龙去脉，则宽紧远近为妄施矣！"亦作"来踪去迹"。后比喻人或事情的来路和去向，也泛指事物前后关联的线索。

从来龙去脉这个成语中，可以窥见古人对居住环境的认识。人类的居所历来与自然条件密不可分。在地处温带气候区的中国，人们很早就发现如将住房建在河流的北边或山坡的南边，住宅便可以接纳更多的阳光，躲避凛冽的寒风，同时可以避免洪水的侵袭。环境与建筑方位何其重要，在中国古代特殊的文化氛围中，它们同时体现着中国传统文化的特质。这个体系可以从两个方面来分析：其一，是正统的儒家思想，并获得官方认可的方位体系。这是一个以正交方向为基础，也包括斜交方向的方位体系，其中包括了中国古代的方位、季节、色彩、音乐、五行等多种文化要素的统一。同时，内蕴有宾主、长幼、君臣、男女、尊卑、礼敬等多种仪式性要素，成为中国古代文化的核心内容之一。其二，则主要是基于中国古代民间流传的与住宅方位相关联的阴阳术数与风水理念。中国古人把风水称为堪舆，也叫地理。我们不妨连起来一起读作：堪舆风水地理。也不妨这样解释：观察天（堪）、勘察地（舆）、空气空间（风）、水文水质（水）、地形地质（地）的研究分析理论（理）。

"风水"一词最早出于伏羲时代。太昊伏羲根据自己研创的简易图，推理出地球有过一段是风与水的时期。《简易经》里记载："研地说：一雾水，二风水，三山水，四丘水，五泽水，六地水，七少水，八缺水，九无水。"这是推理地球表面已经经历和将要经历的时段现象。晋人郭璞传古本《葬经》谓："气乘风则散，界水则止，古人聚之使不散，行之使有止，故谓之风水。风水之法，得水为上，藏风次之。"风水的本质就是阴阳，郭璞创造风水二字的原意乃是选择环境，具体地是以龙的行和止来描述，风水中的龙是指山，也就是环境的背靠，讲的就是阴阳相对、阴阳和谐。龙行必然呼啸而生风，风主动；龙止必有山环水抱而为征，水主静。风水的含义就是选择龙行止有度的地方，通过建筑的手段将其利用，从中内乘龙之生气，收纳旺盛的堂气。

中国风水学主要有十个方面的内容。这些内容，风水师在勘验风水的时候往往全面考虑，统筹兼顾。

——观天。宇宙星体对人的作用。古人十分注重太阳、月亮、星宿对人类的影响，在风水上主要表现在采光、立向、选日方面。

——辨质。风（空气）、水、地（土）的质，对人的作用。这是风水学的基础。

——察形。风、水、地的形貌情意对人的作用。这里所指的风，既是空气，也是空间。水，是由水积累而成的沟渠溪流，江河湖海。

——乘气。风、水、地的气对人的作用。风水学认为风、水、地三者中有一种"看不到、摸不着"的气存在，这种气不是空气的气，而是由天地山川空间流通、会聚、孕育、体现出来的一种只能意会，不能言表，不能用罗盘测量的东西。

——测方位。风、水、地的磁场方位对人的作用。这是风水学中非常重要的内容。

——定位。阴阳宅的位置选择和方向选择。

——择时。风、水、地与时间配合对人的作用。

——施工。阴阳宅的设计施工与风、水、地的改善。

——循礼。尊祖敬宗，慎终追远的风俗礼仪。这是体现孝道的重要方式。

——积德。勉人尽孝，劝人为善，催人向上，使人得福，告诉人们顺应自然规律、优化自然环境来改善提高人生和社会。这是风水学的基本理念与最高目标。

管理案例：风水原则

——整体系统原则。即把环境作为一个整体系统，这个系统以人为中心，包括天地万物。环境中的每一个整体系统都是相互联系、相互制约、相互依存，相互对立、相互转化的要素。风水学的功能就是要宏观地把握各子系统之间的关系，优化结构，寻求最佳组合。

——因地制宜原则。即根据环境的客观性，采取适宜于自然的生活方式。根据实际情况，采取切实有效的方法，使人与建筑适宜于自然，回归自然，返璞归真，天人合一，这正是风水学的真谛所在。

——依山傍水原则。这是风水最基本的原则之一，山体是大地的骨架，水域是万物生机之源泉，没有水，人就不能生存。考古发现的原始部落几乎都在河边台地，这与当时的狩猎、捕捞、采摘果实相适应。

——观形察势原则。清代的《阳宅十书》指出："人之居处宜以大地山河为主，其来脉气势最大，关系人祸福最为切要。"风水学重视山形地势，把小环境放入大环境中考察。从大环境观察小环境，便可知道小环境受到的外界制约和影响，如水源、气候、物产、地质等。任何一块宅地表现出来的吉凶，都是由大环境所决定的，犹如中医切脉，从脉象之洪细弦虚紧滑浮沉迟速，就可知身体的一般状况，因为这是由心血管的机能状态所决定的。只有形势完美，宅地才完美。大处着眼，小处着手，必无后顾之忧，而后福乃大。

——坐北朝南原则。中国位于地球北半球，欧亚大陆东部，大部分陆地位于北回归线（北纬 23 度 26 分）以北，一年四季的阳光都由南方射入。朝南的房屋便于采取阳光。阳光对人的好处很多：一是可以取暖，冬季时南房比北房的温度高 1~2 摄氏度；二是参与人体维生素 D 合成，小儿常晒太阳可预防佝偻病；三是阳光中的紫外线具有杀菌作用；四是可以增强人体免疫功能。坐北朝南，不仅是为了采光，还为了避北风。中国的地势决定了其气候为季风型。冬天有西伯利亚的寒流，夏天有太平洋的凉风，一年四季风向变幻不定。甲骨卜辞有测风的记载。《史记·律书》云："不周风居西北，十月也。广莫风据北方，十一月也。条风居东北，正月也。明庶风居东方，二月也。"

——适中居中原则。适中，就是恰到好处，不偏不倚，不大不小，不高不低，尽可能优化，接近至善至美。适中的另一层意思是居中，适中的原则还要求突出中心，布局整齐，附加设施紧紧围绕轴心。在典型的风水景观中，都有一条中轴线，中轴线与地球的经线平行，向南北延伸。中轴线的北端最好是横行的山脉，形成"丁"字形组合，南端最好有宽敞的明堂（平原）中轴线的东西两边有建筑物簇拥，还有弯曲的河流。明清时期的帝陵，清代的园林就是按照这个原则修建的。

——顺乘生气原则。风水理论认为，气是万物的本源，太极即气，一气积而生两仪，一生三而五行具，土得之于气，水得之于气，人得之于气，气感而应，万物莫不得于气。风水理论提倡在有生气的地方修建城镇房屋，这叫作顺乘生气。只有得到生气的滚滚，植物才会欣欣向荣，人类才会健康长寿。

古代风水师在选择居住环境时，往往认为："山环水抱"、"藏风聚气"的地方最佳。"山环水抱"之处直接受到山水灵秀之气的润泽，无论从磁场学、美学还是心理学的角度来看，都是非常理想的选择。

前因后果
——生命的意义在于学习和奉献

【说成语】

前因后果

释义　起因和结果。泛指事情的整个过程。

出处　《南齐书·高逸传论》："今树以前因，报以后果。"

靠自己

小蜗牛问妈妈：为什么我们从生下来，就要背负这个又硬又重的壳呢？

妈妈：因为我们的身体没有骨骼的支撑，只能爬，又爬不快。所以要这个壳的保护！

小蜗牛：毛虫姐姐没有骨头，也爬不快，为什么她却不用背这个又硬又重的壳呢？

妈妈：因为毛虫姐姐能变成蝴蝶，天空会保护她啊。

小蜗牛：可是蚯蚓弟弟也没骨头爬不快，也不会变成蝴蝶，为什么他不背这个又硬又重的壳呢？

妈妈：因为蚯蚓弟弟会钻土，大地会保护他啊。

小蜗牛哭了起来：我们好可怜，天空不保护，大地也不保护。

蜗牛妈妈安慰他：所以我们有壳啊！

这个故事启示我们：不靠天，也不靠地，我们要靠自己。

【话管理】

管理要旨：菩萨畏因，众生畏果

一个人若能真正了解和实践生命的意义，努力发挥生命的价值，相信不管在任何时刻、地点、阶段和境况，以及面对任何人和事，都能更积极、正面、自在和喜悦，使人生更充实、美满和幸福。

很多人认为，生命的意义和价值就在于名与利，有名有利才有意义和价值。司马迁写《史记》，写遍帝王将相布衣，不禁感叹："天下攘攘，皆为利往；天下熙熙，皆为利来。"人的生命是否只为求名求利，美国心理学家马斯洛研究认为，人的需求包括五个层次，即生理需求、安全需求、社交需求、尊重需求和自我实现需求。它们像阶梯一样从低到高层次递进。可见，人性的需求还不只是求名求利。

求名求利，或满足人性需求，主要是为个人。但每个人都是团体的一分子，包括家庭、企业、机构、社会、国家、民族及世界。因此，每个人除了为自己之外，还须同时也为他人的名利需求以及团体的利益而努力。这样一来，每个人才能在彼此互相的回馈中获益更多，同时也在团体的成长和发展中持续增加利益。

从本质上看，个人名利和团体利益都是结果，个人的奉献和团体的努力才是"原因"。现实中，许多人往往只追求结果，迷失在名利之中无法自拔，甚至反为名利所害，陷入无尽的痛苦之中。如果针对产生这些结果的"原因"去努力，必能不断通过和增加结果，而若结果不理想又能淡然面对，同时再努力改善这些原因，则必可大为减少痛苦，增加幸福。产生个人名利需求和团体利益的原因，主要有两个：一个是能力；另一个是贡献。能力由学习而得，贡献由奉献而得。因此，若要得到更好的结果，就必须不断努力学习和贡献。

针对原因努力或针对结果努力，怎样才比较好呢？佛家的看法相当透彻。佛家说："菩萨畏因，众生畏果。"意思是说，有智慧的学者会对原因戒慎恐惧，努力在原因上下功夫；而没有智慧的迷茫众生却对结果恐惧烦恼，拼命在结果上下功夫。对于这个看法，孔子有类似的观点。在《论语》中，孔子说："不患为位，患所以立。"强调不要忧患没有得到名利地位，要忧患的是有没有建立好得到名利地位这些结果的原因和条件。孔子又说："不患莫己知，求为可知也。"意思是说，不要忧患自己没有名气或表现很好没有被人了解，要追求及努力的是得到名气和表现这些结果的原因和条件。由此看来，生命的意义就在于原因方面的学习和奉献，而非结果方面的名誉和利益。在原因方面的学习和奉献努力上下功夫，才更能不断提高生命的意义和价值。

管理案例：导致人生失败的 31 种原因

人生的最大悲剧，就是孜孜不倦的努力却终于失败！美国一位学者曾经分析了数千人的经历，结果是总人数的 98% 都是失败者。并由此归纳了人们失败的主要原因，有 31 种之多。当你逐项阅读它们时，要一一检查自己，以求发现将你排斥在成功之外的有多少种。

1. 不利的遗传背景：对于生来就脑力不足的人，好主意是不会多的。有一个可用来弥补这种缺点的方法，就是组织个智囊团，求得别人的帮助。不过请注意，在所有 31 种失败因素中，只有这一种是任何人难以改变的。

2. 缺乏明确的生活意向：没有中心意向或明确目标而盲目努力的人是毫无希望的。

3. 缺乏中等以上目标的雄心：对于人生漠然、不求上进的人，我们是不存什么奢望的，对于不愿意付出代价的人，也不过如此。

4. 教育不充足：这是比较易于改善的。经验证明，最有教养的人，往往是自我造就或自我教育的人。要成为有教养的人，所需要的不仅仅是大学的学位，更要学会能取得生活所需的一切，但又不损害旁人的权利。再有，教育不只包含很多的一般知识，还要包含那些有效又能持久运用的特殊知识。人们并不为了他们所懂得的知识付出金钱，而是为了他们用知识去创造的事物去付钱。

100

5. 缺少自律：纪律是从自制而来的。这表明人们必须控制自己的一切消极品性。在你能控制环境以前，必须先学会控制你自己。自我主宰是你所要解决的最困难的问题。你如果克服了你自己，你更会被你自己克服了。你若走到一面镜子前，你会同时看到你的最好朋友和你的最大敌人。

6. 身体不健康：没有任何人能够身体不好而获得辉煌的成就。很多人身体不好的原因，都是可以控制和克服的。主要原因有：吃多了不能促进健康的食物；错误的思想和自卑的观念；性的胡为及滥用；缺乏适当的运动；呼吸新鲜空气不足，等等。

7. 儿童时期受到不良环境的影响："嫩枝弯曲，树乃倾斜"，很多人的犯罪癖性，都是儿童时期接触不良伙伴或邪恶环境造成的。

8. 拖延：这是最普遍的失败原因。"拖延老人"站在每个人的阴影里，等候着破坏你的成功机缘。我们有很多人一生都是失败的，为的只是要等待适当的时间到来，才着手作那些值得做的事情。我们应该奉劝一句：别等待了，时间永远不会"正好"的。你站在哪儿就从哪儿开始，就使用你能够拿到的任何工具，更合用的工具会在做着的过程中找到。

9. 缺乏坚韧：大多数人都可能做优秀的开始人，却很少有人把已经开始的一切工作妥善地完成。人们总是在遇到第一个挫折时，便全盘撒手放弃。而坚韧，是没有其他任何东西可以替代的。以坚韧为座右铭的人最终会发现，失败的魂灵也会感觉厌倦而一走了之的，因为失败无法与坚韧拼到底。

10. 个性消极：以消极的个性拒人于千里之外的，没有成功的希望。成功者，是由积极力量的运用而获得的。而这种力量则又是由别人的协作努力而成的。消极的个性绝不可能诱发别人的协同努力。

11. 不能控制性的冲动：性的精力，是驱使人奋起行动的最强有力的刺激素。由于它是最强有力的情绪，所以对它必须加以控制，务必使它进入正当的途径。

12. 不能控制无中生有的欲望：人的赌博天性，会驱使千百万人趋于失败。这类例证可由1929年美国华尔街的破产故事而得知，那年竟有千百万人曾想在股票红利上赌博而发财。所以，必须加以控制。

13. 没有做确切决定的能力：成功的人能够果断地下定决心，而失败的人则是慢吞吞地做出一项决定。犹豫与拖延是孪生兄弟。遇见其一，往往也遇见另一位。务必在这对兄弟完全抓住你、送你去做失败的苦役以前，就消灭它们。

14. 六种基本恐惧之一种或几种：贫穷、批评、不健康、失恋、衰老、死亡。你必须克服它们，然后才能有效地推销自己。

15. 选错了婚姻的配偶：这也是最普遍的一种失败原因。婚姻关系使人们发生了极亲密的接触。除非关系和谐，否则，失败就难以避免。这种失败，能把成功的一切形象都毁坏。

16. 过分谨慎小心：绝不像碰碰运气的人，往往在别人都选择完了，才捡起残羹。过分谨慎与太不谨慎同样不妥，人生本来就是含有若干机遇成分的。

17. 选错了事业上的同伴：这也是最常见的失败原因之一。为自己选择职业或事业时，必须极其留心选择你的领导和同伴，他们应能够激发你的灵感，使自己成为聪明而成功的人。我们都会效仿与我们过从甚密的人，请选择一位值得效仿的领导和同伴吧！

18. 迷信与偏见：迷信是恐惧的一种，它也是无知的信号，偏见则是狭隘的一种，成功的人都是胸襟坦荡、无所畏惧的人。

19. 选错了行业：没有人能在他所不喜欢的行业中获得成功的。关键是选择一种职业使你能够全心全意地埋首其中。

20. 缺乏专注的努力：万事通的人不能精通某一个事物。将你的努力集中在一个主要的目标上吧。

21. 浪费习惯：胡乱花钱的人是不能成功的，主要是因为他永远站在窘困的局面中。要养成储蓄一定比例收入的好习惯。你的银行里的存款，能为你发展事业提供一个坚实的基础。没有钱的人，在与人交往中，别人提出什么他都不会接受，因此很容易上当或满足。

22. 缺乏热情：没有热情便不能取信于人，尤其是热情具有传染性，有热情而又能控制的人，在任何团体中都受到欢迎。

23. 不能容忍：对于任何事情都是固执己见的人，是很少能够上进的。不能容忍，意味着不再能吸收异己的知识。最有害的不容忍的情况，多出现在宗教、种族及政治的不同观念上。

24．不知节制：不知节制的最有害的情况，发生于暴饮暴食、淫欲无度。对自己的任何一种放纵，都会造成成功的致命伤。

25．不能与人合作：由此而失去好职位和好时机的人很多。任何一位消息灵通的商人和成功者都不能容忍这个缺点。

26．拥有并非自己努力而获得的权利：继承并非由自己努力而获得的权利，在他自己往往是祸不是福。暴发的财富比贫穷更容易招致危险。

27．友谊的欺诈：诚实是没有什么可以代替的。一个人也许由于受到无法控制的环境压力，而一时权宜作伪，并不会受到永久的损害。至于故意选择作伪骗人的人，则是毫无希望的。因为真相迟早会被人得知，因此他就难免身败名裂。

28．自大而好虚荣：这两种个性好似警告别人不可靠近的红灯。它们对成功会有致命的打击。

29．以猜测代替思考：大多数人都是不太关心或太懒于求知真情后，再做正确的思考。他们情愿凭着来自猜测或草率判断的见解而采取行动，因为求知真情是需要付出辛劳的。

30．缺乏资金：这是第一次创办事业的人常常会失败的原因。他们一旦发生了失误，而又没有足够的资金帮助他们渡过难关，彻底的失败便是注定的了。

31．其他：包括使你遭受失败的任何特殊原因。

从这31种失败原因中，你可以看到人生悲剧的描述，几乎所有经过奋斗尝试而失败了的人全在里面了。你如果能找到一位和你很熟的人同你一起阅读此文，并帮助你用31种原因分析你自己，那就可获益。你倘若独自来做，那也是有好处的。不过，多数人不能像别人了解他一样地了解自己。